A Arte de Formar Líderes

JOHN C. MAXWELL

LIDERANÇA

A ARTE DE FORMAR LÍDERES

COMO TRANSFORMAR COLABORADORES EM EMPREENDEDORES

THOMAS NELSON
BRASIL®

Rio de Janeiro, 2023

Título original
Developing the leaders around you

Copyright da obra original © 1995 por Maxwell Motivation, Inc.
Edição original por Thomas Nelson, Inc. Todos os direitos reservados.
Copyright da tradução © Vida Melhor Editora LTDA., 2011.

PUBLISHER	*Omar de Souza*
EDITOR RESPONSÁVEL	*Renata Sturm*
PRODUÇÃO EDITORIAL	*Thalita Aragão Ramalho*
	Daniele Duarte Dortas
CAPA	*Guther Faggion*
TRADUÇÃO	*Valéria Lamim Delgado Fernandes*
REVISÃO	*Magda de Oliveira Carlos*
	Margarida Seltmann
DIAGRAMAÇÃO E PROJETO GRÁFICO	*Gabriella Rezende*

CIP-BRASIL. CATALOGAÇÃO-NA-FONTE
SINDICATO NACIONAL DOS EDITORES DE LIVROS, RJ

M419a

Maxwell, John C., 1947-
    A arte de formar líderes: como transformar colaboradores em
empreendedores / John C. Maxwell; [tradução Valéria Lamim Delgado
Fernandes]. – Rio de Janeiro: Thomas Nelson Brasil, 2011.

    Tradução de: Developing the leaders around you
    ISBN 978-85-7860-216-1

    1. Liderança. 2. Comportamento organizacional. 3. Motivação (Psicologia).
4. Sucesso. I. Título.

11-4404.	CDD: 658.4092
	CDU: 005.322:316.46

Todos os direitos reservados à Vida Melhor Editora LTDA.
Rua da Quitanda, 86, sala 218 – Centro – 20091-005
Rio de Janeiro – RJ – Brasil
Tel.: (21) 3175-1030

Este livro é dedicado aos homens que me desenvolveram:

Larry Maxwell,
meu irmão, que incentivou em mim o
desejo de crescer intelectualmente.

Glenn Leatherwood,
meu professor de escola dominical na fase de
adolescência, que me inspirou a
ter um coração para Deus.

Meu técnico de basquete no colégio,
Don Neff, que foi instilando em mim o desejo de vencer.

Elmer Towns, pastor e amigo,
que fortaleceu meu desejo de atingir meu potencial.

E, acima de tudo, meu pai, Melvin Maxwell,
meu mentor ao longo de toda a minha vida.
Sou líder hoje graças ao tempo que você investiu
no meu desenvolvimento.

Sumário

1. A primeira pergunta do líder:
   ESTOU DESENVOLVENDO POTENCIAIS LÍDERES? 9

2. O desafio mais difícil do líder:
   CRIAR UM AMBIENTE PARA POTENCIAIS LÍDERES 27

3. A principal responsabilidade do líder:
   IDENTIFICAR POTENCIAIS LÍDERES 49

4. A tarefa crucial do líder:
   INCENTIVAR POTENCIAIS LÍDERES 75

5. O que se exige diariamente do líder:
   EQUIPAR POTENCIAIS LÍDERES 101

6. O compromisso que o líder tem por toda a vida: 129
   DESENVOLVER POTENCIAIS LÍDERES

7. A maior recompensa do líder: 153
   FORMAR UMA EQUIPE IDEAL DE LÍDERES

8. A maior alegria do líder: 171
   LIDERAR UMA EQUIPE IDEAL DE LÍDERES

9. O melhor momento do líder:
   PERCEBER E RECEBER O VALOR DOS LÍDERES   203

10. A eterna contribuição do líder:
    RECRIAR GERAÇÕES DE LÍDERES   221

Notas   240

CAPÍTULO UM

A primeira pergunta do líder:

Estou desenvolvendo potenciais líderes?

◆

CERTA NOITE, DEPOIS DE TRABALHAR até tarde, peguei um exemplar da revista *Sports Illustrated,* na esperança de que suas páginas me fizessem relaxar para dormir. O efeito foi contrário. Na quarta capa, um anúncio chamou minha atenção e deixou-me entusiasmado. Nele aparecia uma foto de John Wooden, o técnico que dirigiu o time dos Bruins da Universidade da Califórnia em Los Angeles (UCLA) por muitos anos. A legenda que vinha logo abaixo da foto dizia: "O rapaz que faz a bola passar pelo aro tem dez mãos."

John Wooden foi um grande técnico de basquete. Conhecido como o mago de Westwood, trouxe para a UCLA dez títulos de basquete nacionais em um período de doze anos. Quase não se ouve falar em dois títulos consecutivos no mundo competitivo dos esportes, mas ele levou os Bruins a ganhar *sete títulos consecutivos.* Para isso, foi preciso mostrar um nível consistente de jogo de qualidade; foi preciso um bom treino e praticar com afinco. Mas a chave do sucesso dos Bruins foi a firme dedicação do técnico Wooden ao seu conceito de trabalho em equipe.

Ele sabia que se você supervisiona pessoas e tem vontade de desenvolver líderes, é responsável por: (1) apreciá-las por quem elas são; (2) acreditar que elas farão o possível; (3) elogiar seus feitos e (4) aceitar sua responsabilidade pessoal para com elas como seu líder. O técnico Bear Bryant expressou este mesmo sentimento quando disse:

> Sou apenas um homem do campo que veio de Arkansas, mas aprendi a manter a união de um time — a estimular alguns homens, a acalmar outros, até que, no final, eles estivessem em sintonia como uma equipe. Há apenas três coisas que sempre digo: 'Se algo não sair bom, sou eu o responsável. Se algo sair quase bom, fomos nós os responsáveis. Se algo sair realmente bom, foram eles os responsáveis.' É tudo o que é preciso para fazer as pessoas vencerem.

Bear Bryant conquistou pessoas e jogos. Até alguns anos atrás, ele tinha o maior número de vitórias na história do futebol americano universitário.

Todos os grandes líderes — os que realmente têm sucesso e que fazem parte do grupo de 1% dos principais líderes — têm uma coisa em comum: sabem que conseguir e manter boas pessoas é a tarefa mais importante de um líder. Uma organização não pode aumentar sua produtividade — mas as pessoas podem! O único bem que realmente tem valor dentro de qualquer organização são as pessoas. Sistemas ficam obsoletos. Prédios deterioram-se. Máquinas desgastam-se. Mas as pessoas podem crescer, desenvolver-se e tornar-se mais eficientes se tiverem um líder que compreenda seu valor potencial.

A questão principal — e a mensagem essencial deste livro — é que você não chegará lá sozinho. Se você realmente quer ser um líder de sucesso, precisa desenvolver os outros líderes que estão à sua volta. Precisa formar uma equipe. Precisa encontrar uma maneira de fazer com que sua visão seja enxergada, implementada e compartilhada pelos outros. O líder vê a situação como um todo, mas precisa de outros líderes para ajudá-lo a tornar as ideias que ele forma em sua mente uma realidade.

> Conseguir e manter um bom pessoal é a tarefa mais importante de um líder.

A maioria dos líderes tem seguidores à sua volta. Eles acreditam que a chave da liderança é ganhar mais seguidores. Poucos líderes se cercam de outros líderes. Aqueles que realmente fazem isso dão um grande valor à sua organização. E não só seu fardo fica mais leve, mas sua visão é levada adiante e ampliada.

Por que os líderes precisam recriar líderes

A chave para você se cercar de outros líderes está em encontrar as melhores pessoas que puder e, então, transformá-las nos melhores líderes que elas possam ser. Grandes líderes geram outros líderes. Deixe-me dizer por quê:

Aqueles que estão mais próximos do líder determinarão o nível de sucesso daquele líder

O princípio de liderança mais importante que aprendi ao longo de vinte e cinco anos como líder é que aqueles que estão mais próximos do líder determinarão o nível de sucesso daquele líder. Uma leitura negativa desta afirmação também é verdadeira: aqueles que estão mais próximos do líder determinarão o nível de fracasso daquele líder. Em outras palavras, são as pessoas que estão próximas a mim que "me promovem ou me derrubam". O resultado positivo ou negativo de minha liderança depende de minha habilidade como líder de desenvolver aqueles que estão mais próximos a mim. Também depende de minha habilidade de reconhecer o valor que os outros podem dar à minha organização e a mim. Meu objetivo não é o de arrastar um grupo de seguidores que, no final, se torne uma multidão. Meu objetivo é o de desenvolver líderes que se tornem um movimento.

Pare por um instante e pense nas cinco ou seis pessoas mais próximas a você em sua organização. Você está desenvolvendo essas pessoas? Você tem uma estratégia para elas? Elas estão crescendo? Será que elas puderam carregar sua carga?

Dentro de minhas organizações dá-se constantemente ênfase ao desenvolvimento da liderança. Na primeira sessão de treinamento, apresento aos líderes este princípio: *como potencial líder, ou você é um bem ou uma dívida para a organização*. Ilustro esta verdade dizendo o seguinte: "Quando há um problema, um 'incêndio' na organização, você, como líder, é muitas vezes o primeiro a chegar no local. Você tem em suas mãos dois baldes. Um deles contém água; o outro, gasolina. A 'fagulha' que está diante de você ou se transformará em um problema ainda maior, porque você jogou gasolina nela, ou se extinguirá, porque você usou o balde com água."

Toda pessoa dentro de sua organização também carrega dois baldes. A pergunta que um líder precisa fazer é: "Estou treinando as pessoas para que usem a gasolina ou a água?"

A primeira pergunta do líder

O POTENCIAL DE CRESCIMENTO DE UMA ORGANIZAÇÃO ESTÁ DIRETAMENTE RELACIONADO AO POTENCIAL DE SEU PESSOAL

Quando realizo conferências sobre liderança, normalmente faço a seguinte afirmação: "Desenvolva um líder — desenvolva a organização." Uma empresa não pode crescer a menos que seus líderes cresçam dentro dela.

Muitas vezes fico surpreso com a quantidade de dinheiro, energia e foco de marketing que as organizações investem em áreas que não gerarão crescimento. Por que anunciar que o cliente é o principal objetivo quando o pessoal não recebeu treinamento para o serviço de atendimento ao cliente? Quando surgirem os clientes, eles saberão a diferença entre um funcionário que foi treinado para prestar um serviço e aquele que não foi. Panfletos lustrosos e *slogans* atrativos nunca superarão uma liderança incompetente.

> Desenvolva um líder – desenvolva a organização.

Em 1981, tornei-me pastor sênior da *Skyline Wesleyan Church*, em San Diego, Califórnia. Esta congregação tinha uma média de mil frequentadores de 1969 a 1981, e é óbvio que estava estagnada. Quando assumi as responsabilidades de liderança, a primeira pergunta que fiz foi: "Por que o crescimento parou?" Precisava encontrar uma resposta, por isso convoquei a primeira reunião de minha equipe e realizei uma palestra intitulada *The Leadership Line* [A linha de liderança]. Minha tese era: "Os líderes determinam o nível de uma organização." Tracei uma linha de um lado a outro de um quadro e escrevi o número 1.000. Compartilhei com a equipe que, por treze anos, a frequência média na Skyline havia sido de mil pessoas. Sabia que a equipe poderia liderar mil pessoas com eficiência. O que eu não sabia era se eles poderiam liderar duas mil pessoas. Por isso, tracei uma linha pontilhada e escrevi o número 2.000, e coloquei um ponto de interrogação entre as duas linhas. Em seguida, fiz uma seta saindo da linha do número 1.000 até a linha do número 2.000 e escrevi a palavra "mudança".

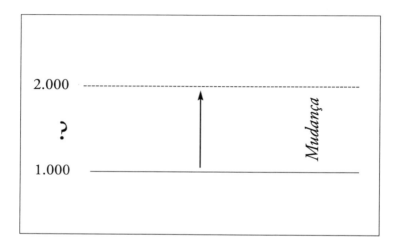

Era minha responsabilidade treiná-las e ajudá-las a fazer as mudanças necessárias para atingir nosso novo objetivo. Quando os líderes passassem por uma mudança positiva, eu sabia que o crescimento seria automático. Agora, teria de ajudá-los a mudar, ou sabia que teria literalmente de trocá-los, contratando outros para assumir o lugar deles.

Desde 1981, realizei essa palestra na Skyline em três ocasiões. Na última vez, o número 4.000 foi colocado na linha superior. Como constatei, os números mudam, mas o discurso é o mesmo. A força de qualquer organização é um resultado direto da força de seus líderes. Líderes fracos correspondem a organizações fracas. Líderes fortes correspondem a organizações fortes. Tudo sobe e desce de acordo com a liderança.

Potenciais líderes ajudam a dividir a carga

O empresário Rolland Young disse: "Sou um homem que se fez por esforço próprio, mas acho que, se tivesse de fazer tudo de novo, chamaria outra pessoa para me ajudar!" Normalmente os líderes não conseguem desenvolver outros líderes, seja porque lhes falta treinamento, seja porque possuem atitudes erradas quanto a deixar e incentivar que outros andem ao seu lado. Muitas vezes os líderes têm a falsa ideia de que devem competir com as pessoas que estão próximas a eles, em vez de trabalhar com elas. Os grandes líderes têm uma mentalidade diferente. Em *Profiles in Courage*, o presidente John F. Kennedy escreveu: "A melhor maneira de seguir em frente é dando-se bem com os outros." Este tipo de interação positiva só acontece se o líder tiver uma atitude de interdependência com os outros e estiver comprometido com relacionamentos que beneficiem ambos os lados.

> Tudo sobe e desce de acordo com a liderança.

Dê uma olhada nas diferenças entre as duas concepções que os líderes têm sobre as pessoas:

Sucesso por meio da competitividade	Sucesso por meio da cooperação
Você olha para os outros como inimigos	Você olha para os outros como amigos
Você se concentra em si mesmo	Você se concentra nos outros
Você desconfia dos outros	Você apoia os outros
Você só tem sucesso se for bom	Você tem sucesso, caso você ou os outros sejam bons

O sucesso é determinado por suas habilidades	O sucesso é determinado pelas habilidades de muitos
Pequeno sucesso	Grande vitória
Pouca alegria	Muita alegria
Existem vencedores e perdedores	Existem apenas vencedores

Peter Drucker estava certo quando disse: "Nenhum executivo já sofreu porque seu pessoal era forte e eficiente." Os líderes que estão ao meu redor carregam minha carga de várias formas. Aqui estão duas das mais importantes:

1. ELES SE TORNAM UMA BASE DE APOIO PARA MIM. Como líder, por vezes, ouço um conselho que não gostaria de ouvir, mas que é necessário. Esta é a vantagem de ter líderes à sua volta — pessoas que sabem tomar decisões. Seus seguidores dizem aquilo que você quer ouvir. Os líderes dizem aquilo que você precisa ouvir.

Sempre incentivei aqueles que estão mais próximos a mim a me confrontarem com seus conselhos. Em outras palavras, uma opinião antes de uma decisão tem um valor potencial. Uma opinião depois de tomada uma decisão não tem valor. Alex Agase, técnico de futebol universitário, certa vez disse: "Se você quiser mesmo me dar um conselho, faça-o no sábado, entre uma e quatro horas da tarde, quando conseguir vinte e cinco segundos para fazê-lo, entre as jogadas. Não me dê um conselho na segunda-feira. Sei muito bem o que fazer nesse dia."

2. ELES TÊM UMA MENTALIDADE DE LIDERANÇA. Os parceiros de liderança não só trabalham com o líder, mas pensam como ele. Isso lhes dá a capacidade de tornar a carga mais leve. Trata-se de algo inestimável em áreas em que o líder precisa tomar decisões, apresentar ideias e oferecer segurança e direção para os outros.

Oportunidades e responsabilidades de âmbito nacional muitas vezes me forçam a deixar minha congregação local. É essencial que eu tenha líderes que exerçam suas funções com eficiência enquanto estou fora. E é o que eles fazem. Isso acontece porque passei minha vida descobrindo e desenvolvendo potenciais líderes. Os resultados são muito gratificantes.

Esta mentalidade de liderança que consiste em compartilhar a carga é notavelmente demonstrada justamente pelos gansos, como ilustra Tom Worsham:

> Quando você vir gansos voando para o sul no inverno em uma formação em "V", é possível que tenha interesse em saber que a ciência descobriu por que eles voam dessa forma. Pesquisas revelaram que, ao bater as asas, cada ganso cria uma sustentação para a ave que vem logo em seguida. Voando em uma formação em "V", todo o bando consegue voar com um desempenho 71% melhor do que se cada pássaro voasse sozinho. (Pessoas que compartilham uma direção comum e um senso de equipe podem atingir seus objetivos mais rápido e facilmente, pois seguem contando com o impulso que dão umas às outras.)
>
> Sempre que um ganso sai da formação em "V", sente subitamente o arrasto e a forte resistência por tentar voar sozinho e rapidamente volta para a formação, aproveitando o poder de sustentação da ave que está logo à sua frente. (Se nós, como pessoas, tivermos tanto senso quanto um ganso, manteremos a formação e o mesmo acontecerá com aqueles que seguem a mesma direção que a nossa.) Quando se cansa, o ganso-líder vai para trás da formação em "V", e outro ganso assume seu lugar. (Compensa revezar-se quando se fazem tarefas difíceis.)

Os gansos de trás na formação grasnam para incentivar os da frente a manter a velocidade. (O que dizemos quando "grasnamos" lá de trás?)

E, por fim, quando um ganso adoece ou é atingido por uma arma de fogo e cai, dois outros gansos saem da formação e vão atrás dele para ajudá-lo e protegê-lo. Eles ficam com o ganso até que ele tenha condições de voar novamente ou morra, e então reiniciam a jornada sozinhos ou se unem a outra formação até encontrar seu bando. (Se tivermos o senso de um ganso, apoiaremos uns aos outros da mesma forma.)

Quem foi o primeiro a chamar outra pessoa de "ganso" (idiota) não sabia o suficiente sobre os gansos![1]

OS LÍDERES ATRAEM POTENCIAIS LÍDERES

Cada qual com o seu igual. Eu realmente acredito ser necessário um líder para reconhecer um líder, desenvolver um líder e apresentar um líder. Além disso, descobri que é preciso um líder para atrair outro líder.

A atração é obviamente o primeiro passo, embora eu já tenha visto muitas pessoas em posições de liderança que são incapazes de cumprir essa tarefa. Verdadeiros líderes são capazes de atrair potenciais líderes porque:

- Líderes pensam como líderes.
- Líderes expressam sentimentos que outros líderes sentem.
- Líderes criam um ambiente que atrai potenciais líderes.
- Líderes não se sentem ameaçados por pessoas que têm grande potencial.

Por exemplo, uma pessoa em uma posição de liderança que tenha uma nota "5" em uma escala de 1 a 10 não atrairá um líder que tenha uma nota "9". Por quê? Porque os líderes naturalmente avaliam todo grupo e migram para outros grupos de líderes que estejam no mesmo nível ou em um nível superior.

> É necessário um líder para reconhecer um líder, desenvolver um líder e apresentar um líder.

Qualquer líder que só tenha seguidores à sua volta será obrigado a contar sempre com seus próprios recursos para que as coisas sejam feitas. Sem outros líderes com quem dividir a carga, ele ficará cansado e fatigado. Você ultimamente já se perguntou: "Estou cansado?" Se a resposta for positiva, é provável que você tenha uma boa razão para isso, como ilustra esta hilária história:

> Em algum lugar do mundo há um país com uma população de 220 milhões de pessoas. Cerca de 84 milhões têm mais de 60 anos de idade, o que deixa 136 milhões com o trabalho por fazer. As pessoas com idade inferior a 20 anos são, ao todo, 95 milhões, o que deixa 41 milhões com o trabalho por fazer.
>
> Há 22 milhões de pessoas contratadas pelo governo, o que deixa 19 milhões para fazer o trabalho. Cerca de 4 milhões estão nas Forças Armadas, o que deixa 15 milhões para fazer o trabalho. Subtraem-se 14,8 milhões, o número de cargos municipais e estaduais, e restam 200 mil para fazer o trabalho. Há 188 mil em hospitais ou hospícios. Assim, restam 12 mil para fazer o trabalho.
>
> Vale observar que, neste país, 11.998 pessoas estão presas. Assim, restam apenas duas pessoas para dividir a carga. Ou seja, restamos você e eu — e, rapaz, estou ficando cansado de fazer tudo sozinho!

Capítulo um

A menos que você queira carregar toda a carga sozinho, você precisa desenvolver líderes.

LÍDERES QUE MENTOREIAM POTENCIAIS LÍDERES AUMENTAM A EFICIÊNCIA DELES

Não faz muito tempo, em uma conferência cujo palestrante era Peter Drucker, especialista em administração, 30 de meus líderes e eu fomos constantemente desafiados a gerar e mentorear outros líderes. Peter fez a seguinte pergunta para nós: "Quem assumirá o seu lugar?" E continuou a enfatizar o seguinte: "Não há sucesso sem um sucessor."

Saí daquela reunião com uma decisão: geraria outros líderes que pudessem gerar outros líderes. Não demorou muito, desenvolver líderes já não era suficiente para crescer. Agora, meu foco estava em *multiplicar* esses líderes. Para fazer isso, comecei a treinar meus líderes de modo que aprendessem a bela arte de definir parâmetros e prioridades. Queria que eles compreendessem a fundo nossos objetivos e, então, fossem para nossa organização e treinassem outras pessoas para que elas, algum dia, os substituíssem ou os ajudassem a levar a carga.

> Não há sucesso sem um sucessor.

A diretoria de minha organização sempre foi meu foco no desenvolvimento de líderes. Em 1989, metade de minha diretoria era formada por membros totalmente novos, e o grupo estava diante de importantes decisões sobre um projeto de relocação estimado em 35 milhões de dólares. Eu estava preocupado. Decisões dessa magnitude poderiam ser tomadas por novatos? No entanto, meus temores se foram no recesso seguinte da diretoria, quando descobri que cada um dos novos membros da diretoria havia sido mentoreado por

A primeira pergunta do líder

membros antigos e experientes. A antiga diretoria havia ouvido e implementado meus ensinamentos, e a nova diretoria agora estava se beneficiando. Os novos membros assumiram suas posições e já passaram a administrar com o restante de nós. Foi então que compreendi uma importante lição: líderes criam e inspiram novos líderes, instilando fé na capacidade de liderança deles e ajudando-os a desenvolver e aperfeiçoar habilidades de liderança que eles não sabem que têm.

Minha experiência com a diretoria mostra o que acontece quando as pessoas trabalham juntas — lado a lado. Quando trabalham por uma causa comum, as pessoas não mais *aumentam* seu potencial de crescimento. Sua unidade multiplica sua força. A seguinte história ilustra minha posição:

> Reuniram-se muitos espectadores em uma feira do meio--oeste norte-americano para assistir a uma antiga corrida de cavalos (um evento onde vários pesos são colocados em um trenó e arrastados pelo chão por um cavalo.) O cavalo vencedor arrastou um trenó com um peso de aproximadamente 2 toneladas. O segundo colocado chegou perto, com um trenó com 1.900 quilos. Alguns homens ficaram curiosos por saber o peso que os 2 cavalos conseguiriam puxar se estivessem amarrados um ao outro. Separados, eles quase atingiram um total de 4 toneladas, mas, quando foram amarrados e passaram a trabalhar em conjunto, como uma equipe, eles quase chegaram à marca de 5,5 toneladas.

LÍDERES DESENVOLVIDOS EXPANDEM E MELHORAM O FUTURO DA ORGANIZAÇÃO

Recentemente, fui convidado para falar em uma conferência sobre o tema *Como estruturar sua organização para o cresci-*

mento. Educadamente, recusei o convite. Estou convencido de que a estrutura pode ajudar no crescimento, mas não proporcioná-lo. George Barna, perito em sondar a opinião pública, disse: "Grandes organizações podem ter grandes líderes e uma estrutura precária, mas nunca vi uma grande organização que tivesse uma grande estrutura e um líder ineficiente." A estrutura pode significar a diferença entre uma boa organização e uma ruim. Mas a diferença entre uma boa organização e uma grande organização está na liderança.

Henry Ford sabia disso. Ele disse: "Você pode levar minhas fábricas, queimar meus prédios, mas dê-me meu pessoal, e iniciarei meu negócio novamente." O que Henry Ford sabia que tantas outras pessoas em posições de liderança não sabem? Ele sabia que os prédios e a burocracia não são essenciais para o crescimento. Uma empresa deve organizar-se em torno daquilo que está tentando realizar, e não em torno daquilo que está sendo realizado. Tenho visto pessoas em uma organização fazerem coisas de um modo específico simplesmente porque a burocracia afirma que elas devem ser feitas daquela forma, ainda que sejam obstáculos para o que a organização está tentando fazer. Organize-se em torno das tarefas, e não das funções.

Muitas vezes somos como a seguinte comunidade, que construiu uma ponte nova:

> Os moradores de uma cidadezinha construíram uma ponte nova. Então, chegaram à conclusão de que, se tinham uma ponte nova, seria melhor contratar um guarda para vigiá-la. E foi o que fizeram. Alguém notou que o vigia precisava de um salário, por isso contrataram um contador. Ele, por sua vez, mostrou que era necessário um tesoureiro. Com um guarda, um contador e um tesoureiro, eles tinham de ter um administrador. Por isso, os

moradores indicaram um administrador. O congresso, então, votou um corte de verbas, e o pessoal teve de ser demitido. Assim, demitiram o vigia!

Não permita que as armações ou adereços de sua organização façam você perder de vista o que deve ser realizado.

Uma das coisas que meu pai me ensinou foi a importância das pessoas, acima de todos os outros componentes de uma organização. Ele foi reitor de uma faculdade por dezesseis anos. Um dia, quando nós nos sentamos em um banco do campus, ele explicou que os funcionários mais caros do campus não eram os mais bem pagos. Os mais caros eram as pessoas que não eram produtivas. Explicou que desenvolver líderes era demorado e custava dinheiro. Você normalmente tinha de pagar mais aos líderes. Contudo, essas pessoas eram bens inestimáveis. Atraíam pessoas de qualidade superior; eram mais produtivas; e continuavam a acrescentar valor à organização. Meu pai encerrou a conversa dizendo: "A maioria das pessoas só produz quando tem vontade. Os líderes produzem mesmo quando não têm vontade."

QUANTO MAIS PESSOAS VOCÊ LIDERA, MAIS LÍDERES SÃO NECESSÁRIOS

Moisés foi o maior líder no Antigo Testamento. Como você levaria um milhão e meio de pessoas que só sabiam reclamar para um outro lugar? Foi difícil... e cansativo. E, à medida que a nação crescia, Moisés ficava mais cansado, e as necessidades do povo não eram supridas.

O problema? Moisés estava tentando fazer tudo sozinho. O *Cronograma da Desorganização de Moisés* era algo assim:

Capítulo um

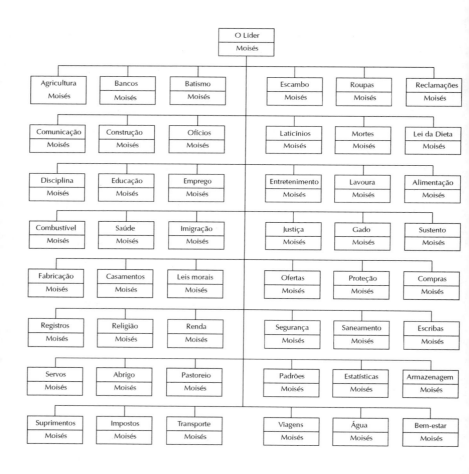

A primeira pergunta do líder

Jetro, o sogro de Moisés, sugeriu que ele encontrasse, recrutasse e treinasse outros líderes para ajudá-lo em suas responsabilidades de liderança. Moisés seguiu este conselho e, logo, já contava com outros líderes para ajudá-lo a dividir a carga. O resultado? Essa mudança necessária deu força extra para Moisés e permitiu que todas as necessidades do povo fossem supridas.

Zig Ziglar diz: "O sucesso é a aplicação máxima da habilidade que você tem." Acredito que o sucesso de um líder possa ser definido como a aplicação máxima das habilidades daqueles que estão abaixo dele. Andrew Carnegie explicou a questão da seguinte forma: "Gostaria que este fosse meu epitáfio: 'Aqui jaz um homem que foi sábio o suficiente para trazer para trabalhar consigo homens que sabiam mais do que ele'". É meu desejo que as páginas seguintes ajudem você a fazer exatamente o mesmo.

> O sucesso de um líder pode ser definido como a aplicação máxima das habilidades daqueles que estão abaixo dele.

CAPÍTULO DOIS

O desafio mais difícil do líder:

Criar um ambiente para potenciais líderes

◆

AQUELES QUE ACREDITAM em nossa capacidade vão além de simplesmente nos estimular — eles criam uma atmosfera em que fica mais fácil para nós ter sucesso. Criar um ambiente que atraia líderes é vital para qualquer organização. É este o trabalho dos líderes. Eles devem ser ativos, devem gerar atividades que sejam produtivas e devem incentivar, criar e comandar mudanças na organização. Devem criar um ambiente que permita aos potenciais líderes ter sucesso.

Os líderes devem ser agentes que geram mudança no ambiente

Os líderes em qualquer organização devem ser agentes que geram mudança no ambiente. Devem ser mais como termostatos do que termômetros. À primeira vista, é possível confundir esses instrumentos. Ambos são capazes de medir o calor. Entretanto, são, na verdade, muito diferentes. O termômetro é passivo. Registra a temperatura de seu ambiente, mas não pode fazer nada para mudá-lo. O termostato é um instrumento ativo. Determina qual será o ambiente. Gera mudança a fim de criar um clima.

A atitude do líder, associada a uma atmosfera positiva na organização, pode incentivar pessoas a realizar grandes coisas. E a realização consistente gera dinamismo. Muitas vezes o dinamismo é a única diferença entre um clima de crescimento positivo e de sucesso, e um clima de crescimento negativo e de fracasso.

Não cabe aos líderes ignorar a importância do dinamismo:

Com dinamismo,	Os líderes parecem melhores do que realmente são.
Com dinamismo,	Os seguidores aumentam seu desempenho.
Sem dinamismo,	Os líderes parecem piores do que realmente são.
Sem dinamismo,	Os seguidores reduzem seu desempenho.

O dinamismo é o maior de todos os agentes de mudança. Mais de 90% das mudanças acertadas que instituímos em nossa organização são resultantes do fato de gerarmos dinamismo antes de pedirmos às pessoas que mudem.

Para maximizar o *valor* do dinamismo, os líderes devem: (1) valorizá-lo logo no *início*; (2) conhecer seus principais ingredientes *de imediato* e (3) investir *sempre* recursos nele.

Da próxima vez que você tiver dificuldade para ajustar o ambiente de sua empresa, tenha em mente este simples fato das

O desafio mais difícil do líder

leis da Física: a água ferve a 100°C, mas, a 99,52°C, ela não passa de água quente. Um grau a mais, um aumento de menos da metade de um por cento, pode fazer a diferença entre uma caçarola de água sem fervura e um caldeirão efervescente de poder. Um grau pode criar uma pressão de água com vapor — poder suficiente para mover um trem que pesa toneladas. Esse único grau normalmente é o dinamismo.

Os líderes, em algumas organizações, não reconhecem a importância de criar um clima propício para formar potenciais líderes. Não entendem como isso funciona. O executivo na área de publicidade, William Bernbach, que entende a diferença que isso faz, certa vez afirmou: "Sempre me divirto quando outras agências tentam contratar minha equipe. Elas teriam de 'contratar' todo o ambiente. Para que uma flor floresça, você precisa do solo certo, bem como da semente certa."

Enquanto não perceberem isso, os líderes de uma organização não terão sucesso, independentemente dos indivíduos talentosos que tragam para a empresa. A atmosfera certa permite aos potenciais líderes florescer e crescer. É por isso que a atmosfera precisa

> O dinamismo é o maior de todos os agentes de mudança.

ser valorizada e desenvolvida primeiro. Mesmo quando um líder de uma organização cujo ambiente não seja satisfatório priva um potencial líder, que está começando a florescer, do rico ambiente da "estufa" de uma organização saudável, esse potencial líder não continuará a crescer e a florescer; a menos que, sem dúvida, o líder já tenha mudado o ambiente de sua própria organização de "ártico" para "tropical".

Para ver a relação entre ambiente e crescimento, observe a natureza. Um homem que mergulha em busca de peixes exóticos para aquários fez a seguinte observação. Segundo ele, um dos peixes de aquário mais populares é o tubarão. A razão é que os tubarões se adaptam ao seu ambiente. Se você pegar um tubarão pequeno e deixá-lo confinado em um aquário, seu tamanho será proporcional ao aquário em que vive. Os tubarões podem ter quinze centímetros de comprimento e estar perfeitamente desenvolvidos. Entretanto, solte-os no oceano e eles chegam a atingir seu tamanho normal.

O mesmo acontece com potenciais líderes. Alguns são colocados em uma organização quando ainda são pequenos, e assim compete ao ambiente restrito garantir que continuem pequenos e subdesenvolvidos. Somente os líderes podem controlar o ambiente de sua organização. Eles podem ser os agentes de mudança cujo intuito seja o de criar um clima que leve ao crescimento.

OS LÍDERES DEVEM SER MODELOS DO TIPO DE LIDERANÇA QUE DESEJAM

De acordo com o célebre missionário e médico Albert Schweitzer, "o exemplo não é o principal elemento quando se influencia pessoas (...) é o único elemento". Parte daquilo que consiste em criar um clima atrativo é o modelo da liderança. As pessoas imitam aquilo que elas veem sendo exibido. Modelo positivo — resposta positiva. Modelo negativo — resposta negativa. O que os líderes fazem, os potenciais líderes que estão à volta deles fazem. O que eles valorizam é o que seu pessoal valoriza. Os objetivos dos líderes tornam-se objetivos deles. São os líderes que criam o ambiente. Como sugere Lee Iacocca: "A rapidez do chefe é a rapidez da equipe." Um líder não pode exigir dos outros aquilo que não exige de si mesmo.

Assim como você e eu crescemos e nos aperfeiçoamos como líderes, o mesmo acontecerá com aqueles que lideramos. Precisamos nos lembrar de que quando as pessoas nos seguem, elas só conseguem chegar aonde chegamos. Se nosso crescimento para, nossa habilidade de liderar também é interrompida. Nem a personalidade nem a metodologia podem substituir o crescimento pessoal. Não podemos ser modelos daquilo que não possuímos. Comece a aprender e a crescer hoje, e veja aqueles que estão à sua volta começarem a crescer. Como líder, eu, em primeiro lugar, sou seguidor de grandes princípios e de outros grandes líderes.

Concentre-se no potencial do líder e da organização

Como foi dito anteriormente, aqueles que acreditam em nossa habilidade vão além de nos estimular. Criam uma atmosfera na qual fica mais fácil ter sucesso. O oposto também é verdadeiro. Quando um líder não acredita em nós, fica muito difícil alcançarmos o sucesso. Como líderes, se quisermos que a nossa organização tenha sucesso, não podemos permitir que isso aconteça com aqueles que lideramos.

Para garantir o sucesso, identifique o potencial de cada futuro líder e o cultive, levando em consideração as necessidades da organização. Isso gera uma situação em que ambas as partes têm êxito. O líder que mentoreia tem sucesso por causa da estrela em ascensão subordinada a ele que pode mostrar desempenho e produção. A organização tem sucesso porque sua missão está sendo cumprida. O potencial líder tem sucesso porque está sendo desenvolvido e aperfeiçoado. Seu futuro parece brilhante.

Uma das melhores aplicações dessa ideia é expressa no que chamo de princípio do 101%: descubra o que, em sua opinião, é o maior bem do potencial líder e, em seguida, dê-lhe total incentivo nessa área. Concentrar-se nos pontos fortes de uma pessoa é uma atitude que promove crescimento positivo, confiança e sucesso como um potencial líder.

CONCENTRE-SE NAS NECESSIDADES (DESEJOS) DO POTENCIAL LÍDER

As pessoas muitas vezes associam uma grande realização a uma série de coisas: sorte, momento, circunstância ou talento natural. O segredo do sucesso pessoal muitas vezes parece ser uma qualidade elusiva. Não faz muito tempo, a Universidade de Chicago realizou um estudo de cinco anos com os principais artistas, atletas e estudiosos para definir a razão de seu sucesso. Conduzida pelo Dr. Benjamin Bloom, a pesquisa baseou-se em entrevistas anônimas com os vinte principais empreendedores em diversas áreas. Entre eles estava uma série de profissionais, como pianistas de concerto, nadadores olímpicos, tenistas, escultores, matemáticos e neurologistas. Bloom e sua equipe de pesquisadores examinaram indícios de como esses grandes realizadores desenvolveram-se. Para obter um quadro mais completo, eles também entrevistaram os familiares e professores dessas pessoas. O relatório constatou, por fim, que o empenho, a determinação e o desejo, e não um grande talento natural, foram os fatores que levaram ao extraordinário sucesso dessas pessoas.

Grandes líderes conhecem os desejos das pessoas que lideram. Por mais que os potenciais líderes respeitem o conhecimento e a capacidade de seus líderes, essas duas qualidades são questões secundárias para eles. Eles não se preocupam com o quanto seus líderes *sabem* até descobrir o quanto seus líderes se *preocupam...* com suas necessidades, seus sonhos, seus desejos. Uma vez que um líder tem verdadeiro interesse pelo bem-estar daqueles que estão à sua volta, a determinação e o empenho das pessoas desse grupo são acionados de um modo notável. O ponto de partida de toda realização é empenho, determinação e desejo.

Napoleão Bonaparte é conhecido como um dos maiores líderes da história. Um de seus segredos de liderança era conhecer as necessidades de seus homens. Primeiro, ele descobria qual era o maior desejo de seus homens. Então, ele fazia todo o possível para ajudá-los a satisfazer esse desejo. Ele sabia que esta era a chave de uma motivação acertada. A maioria dos líderes faz o oposto. Primeiro, eles decidem o que *eles* querem. Em seguida, tentam convencer os outros a querer o mesmo até conseguir.

> É preciso que haja um líder com visão para ver o futuro líder no íntimo da pessoa.

PROCURE O LÍDER NO ÍNTIMO DA PESSOA

Não há futuro em nenhum cargo. O futuro está na pessoa que ocupa o cargo. É preciso que haja um líder com visão para ver o futuro líder no íntimo da pessoa. Michelângelo, quando questionado sobre sua obra-prima *Davi*, respondeu que a escultura sempre existira dentro da pedra. Ele simplesmente esculpira a pedra. Os líderes devem ter o mesmo tipo de visão quando veem potenciais líderes. Entre algumas das qualidades que se devem procurar em uma pessoa estão as seguintes:

POSITIVIDADE:	a habilidade de trabalhar com pessoas e ver as pessoas e as situações de uma maneira positiva
SERVENTIA:	a disposição de submeter-se, cooperar e seguir o líder
POTENCIAL PARA CRESCER:	um desejo de crescer e desenvolver-se como pessoa; a habilidade de continuar a crescer à medida que o trabalho se expande
ACOMPANHAMENTO:	a determinação de ver todo o trabalho feito com consistência
LEALDADE:	a disposição de colocar sempre o líder e a organização acima de desejos pessoais
RESILIÊNCIA:	a habilidade de recuperar-se quando surgirem problemas
INTEGRIDADE:	probidade e caráter sólido; palavras e conduta consistentes
MENTALIDADE DA "SITUAÇÃO COMO UM TODO"	a habilidade de ver a organização como um todo e todas as suas necessidades
DISCIPLINA:	a disposição de fazer o que é necessário, independentemente da disposição pessoal
GRATIDÃO:	uma atitude de gratidão que passa a ser um modo de vida

Ao procurar essas características em uma pessoa, o líder deve imitar os garimpeiros. Eles sempre estão à procura de possíveis minas de ouro. Cada montanha é uma possível oportunidade de se verem ricos. Quando encontram indícios de minério, eles imaginam haver um veio e começam a cavar. Assim como tenho dito aos pastores que lidero, há ouro "naqueles bancos". O mesmo acontece em toda organização. Se você, como líder, procura e encontra indícios de ouro em seu pessoal, comece a cavar. Você descobrirá a fonte!

DÊ ÊNFASE NA PRODUÇÃO, E NÃO NA POSIÇÃO E TÍTULO

Organizações que dão muita ênfase em títulos e posição estão ensinando seus funcionários a fazer o mesmo. Funcionários, neste tipo de ambiente, podem muitas vezes ficar preocupados em subir a escada para a próxima posição ou em receber um título que pareça ser mais importante. Quando este é o caso, os títulos valem pouco. Um título elevado não ajuda aquele cuja produção é ineficiente. Um título modesto não é obstáculo para um superprodutor. A posição, como um título, também não faz um líder.

Em *Developing the Leader Within You* [Você nasceu para liderar], descrevo os cinco níveis de liderança: posição, permissão, produção, desenvolvimento do pessoal e personalidade. *Posição* é o nível mais baixo. A influência de uma pessoa que fica em sua posição nunca passará da descrição de seu cargo.

O tempo de serviço, por si só, também não ajuda muito. A *Accountemps*, uma organização de colocação e atendimento de pessoal temporário, realizou recentemente uma pesquisa. Perguntou-se aos executivos e diretores do departamento pessoal quais eram os fatores que exerciam mais influência na avaliação de um funcionário a ser promovido. Os resultados: 66% citaram realizações específicas, 47% citaram hábitos de trabalho e desempenho geral, e apenas 4% citaram o tempo de serviço como sendo importante. Tempo de serviço não substitui a produção no serviço.

Em uma organização que dá ênfase à produção, atenção e energia são dadas à realização do trabalho e ao bom desempenho. Há uma atmosfera de equipe, e a realização da missão da organização é o objetivo. Este é o tipo de clima em que surgem líderes. Como disse Charles Wilson, presidente da General Electric: "Não importa o tamanho da garrafa, a espuma sempre vai para cima."

OFEREÇA OPORTUNIDADES DE CRESCIMENTO

Há uma história de um turista que parou para descansar em uma pequena cidade nas montanhas. Ele se aproximou de um senhor idoso que estava sentado em um banco em frente da única loja da cidade e perguntou:

"Amigo, você pode me dizer algo que torna esta cidade notável?"

"Bem", respondeu o velho, "não sei exatamente, exceto que ela é o ponto de partida para o mundo. Você pode começar aqui e ir para onde quiser."

Nem todas as pessoas veem sua atual posição como o ponto de partida para onde querem ir no mundo. Nós, como líderes, devemos incentivar aqueles que estão à nossa volta para que se vejam nesse lugar. Criar um ambiente que promova o crescimento pessoal é importante. Entretanto, se as pessoas que estão ao seu redor não sabem que estão em um ambiente desse tipo, é provável que não desfrutem dele. Esta é a razão por que é importante *criar oportunidades de crescimento*. Outra razão é que líderes estabelecidos estão em posição de saber quais são as oportunidades de que um potencial líder precisa.

Para criar as oportunidades certas, devemos observar os potenciais líderes que estão à nossa volta e perguntar: "Do que esta pessoa precisa para crescer?" Uma fórmula geral não funcionará. Se não adequarmos a oportunidade ao potencial líder, é possível que nos vejamos na posição de oferecer coisas das quais nosso pessoal não precisa.

Ernest Campbell, membro do corpo docente do *Union Theological Seminary*, conta uma história elucidativa:

> Uma mulher foi a uma loja de animais e comprou um papagaio para servir-lhe de companhia. Levou seu novo bichinho de estimação para casa, mas voltou no dia seguinte para fazer uma reclamação:
>
> — Esse papagaio ainda não disse uma palavra!
>
> — Ele tem um espelho? — perguntou o dono da loja.
>
> — Papagaios gostam de se olhar no espelho. — Então, ela comprou o espelho e foi para casa.
>
> No dia seguinte, lá estava ela de volta, dizendo que a ave ainda não estava falando.
>
> — Que tal uma escada? — disse o dono da loja. — Papagaios gostam de subir e descer escadas. — Então, ela comprou uma escada e foi para casa.
>
> Como já era previsto, no dia seguinte ela voltou com a mesma história — o papagaio ainda não falava. — O papagaio tem um balanço? Aves gostam de relaxar em um balanço. — Ela comprou o balanço e foi para casa.
>
> No dia seguinte, ela voltou à loja para dizer que o papagaio havia morrido.

— Sinto muito — disse o dono da loja. — Ele disse alguma coisa antes de morrer?

— Sim — respondeu a mulher. — Ele disse: "Eles não vendiam comida lá na loja?"

Muitos líderes são iguais à senhora na loja. Querem que as pessoas produzam. Quando isso não acontece, os líderes as munem de todas as coisas que, segundo algum especialista, elas devem gostar. No entanto, os próprios líderes nunca observam as pessoas para ver o que elas realmente precisam.

Ao examinar potenciais líderes e determinar o que cada um deles precisa, tenha em mente estas ideias para gerar oportunidades de crescimento:

- Apresente o potencial líder às pessoas bem-sucedidas na área dele.
- Ofereça um ambiente seguro onde o potencial líder se sinta à vontade para assumir riscos.
- Ofereça ao potencial líder um mentor experiente.
- Ofereça ao potencial líder as ferramentas e recursos de que ele precisa.
- Invista tempo e dinheiro para treinar o potencial líder nas áreas em que ele precisa.

A ideia de formar potenciais líderes por meio de oportunidades de crescimento pode ser resumida neste poema de Edwin Markham:

> Somos cegos até vermos
> Que no plano humano
> Nada vale ser criado
> Se isso não criar o homem.

Por que edificar estas maravilhosas cidades
Se o homem ainda não foi formado?
Em vão construímos o mundo
A menos que o construtor também cresça.[1]

LIDERE (E NÃO GERENCIE) COM VISÃO

Uma parte importante da liderança implica em apresentar uma visão. Alguns líderes se esquecem de apresentar uma visão porque ficam envolvidos com a gerência. Os verdadeiros líderes reconhecem a diferença entre líderes e gerentes. Gerentes são mantenedores que têm a tendência de recorrer a sistemas e controles. Líderes são inovadores e criadores que recorrem a pessoas. Ideias criativas tornam-se realidade quando pessoas que estão em posição de agir compreendem a visão de seu líder inovador.

Uma visão eficiente oferece orientação. Dá direção para uma organização... a direção que não pode resultar, com eficiência, de regras e regulamentos, manuais de políticas da empresa e gráficos organizacionais. A verdadeira direção para uma organização nasce de uma visão. Começa quando o líder a aceita. Ganha aceitação quando o líder a apresenta. E torna-se uma realidade quando as pessoas respondem a ela.

FAÇA COISAS GRANDES

Quase tudo que um líder faz depende do tipo de visão que ele tem. Se sua visão for pequena, seus resultados e seus seguidores também serão pequenos. Um oficial francês de alto escalão, que entendia esse conceito, certa vez o expressou desta forma ao dirigir-se a Winston Churchill: "Se estiver fazendo coisas grandes, você atrairá homens grandes. Se estiver fazendo coisas pequenas, você atrairá homens pequenos. Homens pequenos, em geral, causam problemas." Uma visão eficiente atrai vencedores.

Quase sempre as pessoas limitam seu próprio potencial. Elas pensam pequeno. Têm medo de assumir riscos. Pessoas que não estão dispostas a ir além de seus limites não podem crescer. Como diz o escritor Henry Drummond: "A menos que se comprometa a fazer mais do que é capaz de fazer, o homem jamais fará tudo o que pode fazer."

INVISTA MAIS ESFORÇO NO "TIME DE CASA" DO QUE NOS AGENTES LIVRES

Uma vez que o líder tem uma visão, ele precisa formar uma equipe para executá-la. Onde encontrar pessoas de sucesso? Não é fácil. Na verdade, a maioria das pessoas de sucesso é criada, e não descoberta. No beisebol da liga nacional, as equipes geralmente recrutam jogadores de uma das seguintes formas: ou elas trazem jogadores da própria equipe da liga menor ou saem da organização à procura de agentes livres [a expressão em inglês *free agent* designa os atletas profissionais livres para assinar contratos com a equipe que bem entenderem]. Repetidas vezes os fãs do beisebol viram suas equipes trazerem agentes livres caros com a expectativa de vencerem uma *World Series* [o campeonato nacional de beisebol profissional dos EUA]. Vez por outra eles se frustraram.

O método "time de casa" implica em trazer os melhores jogadores subdesenvolvidos que se possa encontrar e deixar que iniciem na organização em seu próprio nível. Eles são preparados e desenvolvidos. Seus dirigentes e técnicos descobrem seus pontos fortes e pontos fracos, e encontram as posições certas para eles. Os jogadores ganham experiência e têm a oportunidade de desenvolver seu nível de jogo. Se seu desempenho for bom o suficiente, eles são promovidos à equipe da liga nacional.

A grande maioria dos líderes de nossa organização é recrutada e promovida dentro da própria organização. Nem sempre é fácil, mas há grandes vantagens em usar o método "time de casa". A primeira é que você já conhece o caráter e a atitude do indivíduo. Ao entrevistar alguém que não pertence à organização, você corre um risco. Você tem de basear uma decisão de contratação no que o potencial funcionário e as recomendações lhe dizem. As descrições de cargo em um currículo dão informações sobre as habilidades, e não sobre o caráter do candidato. A maioria dos empregadores concorda que caráter e atitude são os fatores mais importantes na contratação de um novo funcionário. As habilidades podem ser ensinadas.

A segunda vantagem é que uma pessoa promovida dentro da própria empresa já conhece a organização e o seu pessoal. Um funcionário de sucesso que é considerado para uma promoção já compreendeu a visão do líder. Ele compartilha a filosofia da organização. Passou tempo investindo em relacionamentos com as pessoas. Uma pessoa trazida de fora precisa passar um tempo aprendendo essas coisas. Uma vez contratada, ela pode até não estar a fim ou ser incapaz de assimilá-las. Quando você contrata pessoas que já estão na empresa, elas já começam a todo o vapor.

A terceira vantagem é que uma pessoa que já vem do "time de casa" é um funcionário cujo desempenho está provado. Você já viu os talentos e o impacto dessa pessoa. Sabe que ela pode cooperar com você. Consequentemente, o risco é relativamente pequeno. Com um agente livre, sua oportunidade de observá-lo no primeiro contato foi restrita. É possível que ele não seja um bom colaborador, pois as condições são diferentes. Desenvolver o talento do "time de casa" exigirá uma ação estratégica e uma atitude específica do líder da equipe. O líder deve:

- Investir tempo e dinheiro em seus potenciais líderes.
- Comprometer-se a promover pessoas de dentro da organização.
- Mostrar ao seu pessoal que o crescimento pessoal e profissional dentro da organização não só é possível, mas também real.

TOME DECISÕES DIFÍCEIS

Willard C. Butch, presidente da Chase Manhattan Corporation, certa vez recebeu um conselho de Marion Folsom, um alto executivo da *Eastman Kodak Company* na época: "Bill, você vai descobrir que 95% de todas as decisões que você tomará em sua carreira poderiam ser tomadas também por um aluno do segundo ano do Ensino Médio razoavelmente inteligente. Mas você será pago pelos outros 5%."

Algumas das decisões mais difíceis que um líder enfrenta têm a ver com pessoas cujo desempenho não é satisfatório. Grandes líderes fazem escolhas inteligentes neste sentido. Um líder que não trata eficientemente dessas questões prejudicará:

- a capacidade da organização de atingir seu objetivo;
- os princípios morais daqueles cujo desempenho é primoroso;
- sua própria credibilidade;
- a autoimagem e possível eficiência daqueles cujo desempenho é baixo.

Para saber como proceder adequadamente com a pessoa cujo desempenho não é satisfatório, um líder precisa perguntar para si mesmo: "Esta pessoa deveria ser treinada, transferida ou demitida?" A resposta determinará o curso de ação adequado.

Se o baixo desempenho estiver relacionado a habilidades deficientes ou pouco desenvolvidas, é preciso treinamento. De igual modo, o treinamento pode muitas vezes beneficiar um funcionário que precisa conhecer a filosofia ou visão da organização. O treinamento é frequentemente a solução mais positiva, pois se trata de investir no funcionário. Além disso, é mais econômico aprimorar um funcionário que já faça parte da empresa do que começar do zero com uma pessoa nova.

Às vezes o desempenho de um funcionário é baixo porque se espera que ele faça um trabalho que não corresponde aos seus talentos e habilidades. Se o funcionário tiver uma boa atitude e o desejo de ter sucesso, ele poderá ser transferido para uma posição que esteja de acordo com seus talentos. Nessa posição ele pode ter sucesso.

Demitir um funcionário é, sem dúvida, a mais difícil das decisões que um líder tem pela frente. É também uma das decisões mais importantes que ele pode tomar. Na verdade, eliminar de uma organização funcionários com desempenho insatisfatório é tão importante quanto encontrar bons funcionários. Demitir um funcionário cujo desempenho é deficiente beneficia a organização e todos que estão nela. Além disso, dá ao ex-funcionário a oportunidade de reavaliar seu potencial e encontrar o lugar e posição em que poderá ter sucesso.

PAGUE O PREÇO QUE ATRAIA LÍDERES

O sucesso sempre tem um preço. Esta é uma lição que aprendi há muito tempo. Meu pai ensinou-me que uma pessoa pode pagar agora e brincar mais tarde, ou pode brincar agora e pagar mais tarde. De um modo ou de outro, ela vai pagar.

Criar um clima para potenciais líderes é algo que também requer que o líder pague um preço. Começa com o crescimento pessoal. O líder deve examinar-se, fazer as perguntas difíceis para si mesmo e, então, optar por fazer a coisa certa, independentemente de atmosfera ou disposição. Há alguns ambientes ideais e tranquilos para as disciplinas do crescimento. Grande parte das coisas importantes realizadas no mundo foi por pessoas que estavam ocupadas demais ou indispostas demais para fazê-las. Empresas baseadas na emoção permitem que a atmosfera determine a ação. Empresas baseadas no caráter permitem que a ação determine a atmosfera.

Líderes bem-sucedidos reconhecem que o crescimento pessoal e o desenvolvimento de habilidades de liderança são buscas que duram a vida toda. Warren Bennis e Burt Nanus, em *Líderes: Estratégias para Assumir a Verdadeira Liderança*, realizaram um estudo com noventa líderes importantes em todas as áreas. Constataram que "é a capacidade de desenvolver e aprimorar as habilidades pessoais que distingue os líderes de seus seguidores". Chegaram à conclusão de que "os líderes são eternos aprendizes".

> Uma pessoa pode pagar agora e brincar mais tarde, ou pode brincar agora e pagar mais tarde.

O compromisso de proporcionar um clima que permita aos potenciais líderes crescer deve começar com o compromisso do líder com o crescimento pessoal. Responda às seguintes perguntas para definir seu nível de compromisso no momento.

Perguntas sobre o compromisso com o crescimento pessoal

1. Será que tenho uma estratégia para atingir o crescimento pessoal?

   Sim   Não

2. Sou o líder dessa estratégia?

   Sim   Não

3. Estou disposto a mudar para continuar a crescer, ainda que isso signifique abrir mão de minha atual posição, caso eu não esteja crescendo?

   Sim   Não

4. A minha vida é um exemplo a ser seguido por outros?

   Sim   Não

5. Estou disposto a pagar o preço para tornar-me um grande líder?

   Sim   Não

Uma resposta negativa a qualquer uma dessas perguntas deve levar o líder a examinar sua estratégia e seu compromisso com o crescimento pessoal. A falta de compromisso da parte do líder torna difícil o desenvolvimento dos potenciais líderes que estão à sua volta. Se você, como líder, não assumiu este compromisso, seu futuro é limitado e você jamais se tornará um grande líder. Esta é a hora de mudar.

Seu ambiente de trabalho influenciará você e aqueles que estão sob sua liderança. Responda às seguintes perguntas que ajudarão você a determinar sua dedicação à organização no sentido de desenvolver líderes e proporcionar um clima que promova o crescimento pessoal e organizacional.

Perguntas que devem ser feitas com relação ao crescimento organizacional

1. A organização tem assumido um compromisso específico com o crescimento e desenvolvimento das pessoas?

   Raramente   Às vezes   Normalmente

2. A organização está disposta a investir dinheiro para fomentar o crescimento dos funcionários?

   Raramente   Às vezes   Normalmente

3. A organização está disposta a fazer mudanças para manter o próprio crescimento e o do pessoal?

   Raramente   Às vezes   Normalmente

4. A organização apoia líderes que estejam dispostos a tomar as difíceis decisões necessárias para o crescimento pessoal dos funcionários e da organização?

   Raramente   Às vezes   Normalmente

5. A organização dá ênfase à produção, e não à posição ou título?

   Raramente   Às vezes   Normalmente

6. A organização oferece oportunidades de crescimento para seu pessoal?

   Raramente   Às vezes   Normalmente

7. Os líderes organizacionais têm visão e a compartilham com seu pessoal?

   Raramente   Às vezes   Normalmente

8. A organização pensa grande?

   Raramente   Às vezes   Normalmente

9. A organização promove seus próprios funcionários?

   Raramente   Às vezes   Normalmente

10. Há outros líderes na organização dispostos a pagar o preço do sacrifício pessoal para assegurar seu crescimento e o crescimento dos outros?

    Raramente   Às vezes   Normalmente

Se grande parte das respostas a essas perguntas for "Raramente" ou "Às vezes", uma mudança é aceitável. Se é você quem controla a organização, comece a mudar agora. Se você lidera um departamento da organização, então sua posição permite que você faça mudanças positivas. Faça tudo aquilo que sua organização permitir para criar um clima positivo para potenciais líderes. Se você está em uma posição que lhe permite somente fazer mudanças para si mesmo, tente encontrar alguém na organização que desenvolva você — ou mude de emprego. Grandes líderes compartilham suas próprias experiências e aquilo que aprenderam com aqueles que se tornarão os líderes de amanhã. Uma pessoa pode impressionar potenciais líderes à certa distância, mas só poderá impactá-los se estiver próxima a eles.

Para concluir, aqui estão algumas considerações quanto a criar um clima para potenciais líderes. Relatos no esporte oferecem evidência tangível das mudanças positivas que podem ocorrer quando se estabelece o clima certo. Parry O'Brien, atleta olímpico, conquistou uma medalha de ouro no arremesso de peso, lançando um peso de 7 quilos a uma distância de 17 metros para estabelecer um novo recorde mundial. Especialistas na época disseram que O'Brien, o melhor do mundo, poderia bater seu recorde por questão de algumas polegadas, se praticasse. Estavam certos de que ninguém seria capaz de superar a marca dos 18 metros.

Parry O'Brien estava determinado a continuar a se aperfeiçoar. Começou a experimentar diferentes estilos. Quatro anos mais tarde, tornou a vencer as Olimpíadas — não por algumas polegadas, mas por alguns pés. Quebrou a marca antes insuperável ao arremessar o peso a 18,5 metros. A partir daí, todo arremessador digno de apreço passou a lançar o peso acima daquela distância. Hoje, o recorde é de mais de 20 metros.

> Grandes líderes compartilham suas próprias experiências e aquilo que aprenderam.

O mesmo acontece com a corrida de uma milha em quatros minutos. Segundo os especialistas, ninguém seria capaz de correr uma milha em menos de quatro minutos. Então, em 1954, um jovem estudante de Medicina chamado Roger Bannister fez o impossível ao superar essa marca. Hoje, todo corredor de alto nível consegue correr uma milha em menos de quatro minutos. Por quê? Porque um homem decidiu continuar a melhorar. Um homem decidiu pagar o preço do crescimento pessoal. Ele estava disposto a liderar. Consequentemente, ele criou um clima para os outros atletas que o seguiram. Você é o tipo de líder que está disposto a pagar o preço e criar um clima no qual seu pessoal possa segui-lo e despontar como os líderes de amanhã?

CAPÍTULO TRÊS

A principal responsabilidade do líder:

Identificar potenciais líderes

◆

Há algo muito mais importante e raro do que a habilidade: é a capacidade de reconhecer a habilidade. Uma das principais responsabilidades de um líder de sucesso é identificar potenciais líderes. Nem sempre é fácil, mas é importante.

Andrew Carnegie era mestre em identificar potenciais líderes. Uma vez, quando um repórter lhe perguntou como ele havia conseguido contratar 43 milionários, Carnegie respondeu que os homens não eram milionários quando começaram a trabalhar para ele. Como consequência, eles se tornaram milionários. O repórter, em seguida, quis saber como ele havia desenvolvido esses homens para que se tornassem líderes tão valiosos. Carnegie respondeu: "Desenvolve-se um homem da mesma forma que se explora o ouro. Várias toneladas de terra precisam ser

> Para desenvolver pessoas positivas e bem-sucedidas, procure o ouro, e não a terra.

removidas para se conseguir 30 gramas de ouro." É exatamente assim que se desenvolve pessoas positivas e bem-sucedidas. Procure o ouro, e não a terra; o bom, e não o ruim. Quanto mais qualidades positivas você procurar, mais irá encontrar.

ESCOLHENDO OS JOGADORES CERTOS

As organizações esportivas profissionais reconhecem a importância de selecionar os jogadores certos. Todos os anos, técnicos e proprietários de times profissionais de beisebol, basquete e futebol esperam pela convocação [o *draft* (convocação) é a seleção de atletas universitários feita por equipes profissionais em sistema de sorteio]. Para se prepararem para o evento, as franquias esportivas investem muito tempo e energia examinando novos jogadores potenciais. Por exemplo, "olheiros" de organizações de futebol profissional vão a jogos colegiais da temporada regular, finais de campeonato, finais para estudantes do último ano e campos de treinamento para conhecerem os jogadores potenciais. Tudo isso permite aos olheiros trazerem muitas informações para os proprietários e técnicos para que, quando chegar o dia da convocação, as equipes possam selecionar os jogadores mais promissores. Os proprietários e técnicos sabem que o futuro sucesso de suas equipes depende muito de sua capacidade de convocar com eficiência os jogadores.

Não é diferente nos negócios. Você deve selecionar as pessoas certas para sua organização. Se você selecionar bem, os benefícios multiplicam-se e parecem quase infindáveis. Se selecionar mal, os problemas multiplicam-se e parecem infindáveis.

Quase sempre os líderes contratam funcionários aleatoriamente. Por causa do desespero, da falta de tempo ou simplesmente por pura ignorância, eles logo "agarram" o primeiro

A principal responsabilidade do líder

candidato que aparece. Depois, prendem a respiração e esperam que tudo funcione. Entretanto, a contratação precisa ser feita estrategicamente. Antes de contratar um novo funcionário, suas opções são quase ilimitadas. Uma vez tomada a decisão de contratação, suas opções são poucas. Contratar um funcionário é como saltar sem paraquedas: uma vez que você tenha saltado do avião, é impossível voltar atrás.

> Contratar um funcionário é como saltar sem paraquedas: uma vez que você tenha saltado do avião, é impossível voltar atrás.

A chave para fazer a escolha certa depende de duas coisas: (1) sua capacidade de ver a situação como um todo e (2) sua capacidade de julgar potenciais funcionários durante o processo de seleção.

É bom começar fazendo um levantamento. Faço isso porque sempre procuro candidatos dentro e fora da organização. Chamo esta lista de "Os Cinco As":

Avaliação das necessidades:	O que é necessário?
Ativos disponíveis:	Quem são as pessoas disponíveis que já estão na organização?
Aptidão dos candidatos:	Quem está apto?
Atitude dos candidatos:	Quem está disposto?
Ações dos candidatos:	Quem faz as coisas?

Observe que o levantamento começa com uma avaliação das necessidades. O líder da organização deve basear essa avaliação no contexto geral. Enquanto era dirigente do Chicago Cubs, Charlie Grimm, segundo boatos, recebeu um telefonema de um de seus olheiros. O homem estava entusiasmado e começou a gritar do outro lado da linha: "Charlie, descobri o maior arremessador jovem do país! Ele acabou com todos os homens que puseram a mão no bastão. Vinte e sete seguidos. Ninguém acertou uma bola antes do nono *inning*. O arremessador está bem aqui do meu lado. O que faço?" Charlie respondeu: "Escolha o rapaz que acertou a bola. Estamos procurando rebatedores." Charlie sabia do que a equipe precisava.

Há uma situação que elimina uma análise de necessidades: quando uma pessoa realmente excepcional estiver disponível, mas não necessariamente preencher a necessidade do momento, faça o que estiver ao seu alcance para contratá-la. No final das contas, essa pessoa causará um impacto positivo na organização. Vemos este tipo de tomada de decisão nos esportes. Os técnicos de futebol normalmente convocam jogadores que preenchem necessidades específicas. Se perdem um forte zagueiro, eles convocam o melhor zagueiro disponível. Mas, às vezes, eles têm a oportunidade de convocar um "jogador de impacto", um superstar que pode, em um piscar de olhos, mudar toda a disposição da equipe. Por falar nisso, jogadores de impacto, em geral, não só possuem a capacidade atlética, mas também habilidades de liderança. Até como principiantes, eles têm todas as qualidades para ser capitães da equipe. Quando tenho a oportunidade de contratar alguém que é excepcional — um superstar —, eu o contrato. Depois encontro um lugar para ele. É difícil encontrar pessoas boas, e sempre há espaço para mais uma pessoa produtiva dentro de uma organização.

Normalmente não avaliamos os superstars, e as decisões são mais difíceis de ser tomadas. Como as equipes profissionais de esportes avaliam jogadores potenciais? Muitas utilizam uma grade que revela a pontuação de cada jogador com base em suas habilidades. Do mesmo modo, precisamos ter à mão uma ferramenta que nos ajude a avaliar o potencial das pessoas como líderes. Segue uma lista de 25 características para ajudá-lo a avaliar e identificar um líder potencial.

Avaliação das qualidades comuns da liderança (para potenciais líderes)

Escala
0 = Nunca
1 = Raramente
2 = Às vezes
3 = Normalmente
4 = Sempre

1. A pessoa tem influência.	0 1 2 3 4
2. A pessoa tem autodisciplina.	0 1 2 3 4
3. A pessoa tem um bom currículo.	0 1 2 3 4
4. A pessoa tem sólidas habilidades pessoais.	0 1 2 3 4
5. A pessoa tem a capacidade de solucionar problemas.	0 1 2 3 4
6. A pessoa não aceita o *status quo* (estado atual).	0 1 2 3 4
7. A pessoa vê a situação como um todo.	0 1 2 3 4
8. A pessoa tem a habilidade de lidar com o estresse.	0 1 2 3 4
9. A pessoa revela um espírito positivo.	0 1 2 3 4
10. A pessoa compreende as pessoas.	0 1 2 3 4

Capítulo três

11. A pessoa não tem problemas pessoais.	0 1 2 3 4
12. A pessoa está disposta a assumir responsabilidades.	0 1 2 3 4
13. A pessoa não sente raiva.	0 1 2 3 4
14. A pessoa está disposta a fazer mudanças.	0 1 2 3 4
15. A pessoa tem integridade.	0 1 2 3 4
16. A pessoa está cada vez mais perto de Deus.	0 1 2 3 4
17. A pessoa tem a habilidade de ver qual será o próximo passo a ser tomado.	0 1 2 3 4
18. A pessoa é aceita como líder pelos outros.	0 1 2 3 4
19. A pessoa tem a habilidade e o desejo de continuar a aprender.	0 1 2 3 4
20. A pessoa tem um jeito que atrai as pessoas.	0 1 2 3 4
21. A pessoa tem uma boa autoimagem.	0 1 2 3 4
22. A pessoa tem disposição para servir aos outros.	0 1 2 3 4
23. A pessoa tem a habilidade de recuperar-se quando os problemas surgem.	0 1 2 3 4
24. A pessoa tem a habilidade de desenvolver outros líderes.	0 1 2 3 4
25. A pessoa toma iniciativa.	0 1 2 3 4

Total de pontos: _____

A principal responsabilidade do líder

Ao avaliar um líder potencial, preste mais atenção na qualidade da pessoa, de acordo com as características mencionadas, do que na pontuação específica. Uma vez que o nível dos líderes é diferente, as pontuações variam. Segue minha escala de pontuação:

90-100	Ótimo líder (deve mentorear outros bons e ótimos líderes)
80-89	Bom líder (deve continuar a crescer e mentorear outros)
70-79	Líder à vista (concentra-se no crescimento e começa a mentorear outros)
60-69	Com grande potencial (pessoa excelente para ser desenvolvida)
Abaixo de 60	Precisa de crescimento (talvez não esteja preparado para ser mentoreado como líder)

A categoria "abaixo de 60" é muitas vezes a mais difícil de ser julgada. Algumas pessoas desse grupo jamais se tornarão líderes. Outras podem vir a ser grandes líderes. Quanto melhor for o avaliador como líder, melhor será sua avaliação do potencial de liderança de uma pessoa. Portanto, é importante que um líder de sucesso faça a entrevista e a contratação de potenciais líderes.

Na revista *Inc.*, o especialista em marketing I. Martin Jacknis identifica uma tendência que tem visto em contratações. Ele a chama de *Lei do Profissionalismo em Baixa*. Como já diz o nome, os líderes têm a tendência de contratar pessoas cuja habilidade e profissionalismo estão abaixo dos dele. Consequentemente, quando as organizações crescem e mais pessoas são contratadas, o número de pessoas com baixo profissionalismo excede em muito o número de líderes que são extremamente profissionais.

Eis como isto funciona. Digamos, por exemplo, que você seja um notável líder que tenha grande visão, autodisciplina, prioridades corretas e grandes habilidades para a solução de problemas. Você conseguiu 95 pontos na Avaliação de Qualidades Comuns da Liderança. Então, decide começar seu próprio negócio, chamado *Leader to Leader, Inc.* Seu negócio dá tão certo que você logo precisa de quatro novos funcionários. Você gostaria de contratar quatro funcionários que tivessem a mesma pontuação que a sua, mas é provável que tais funcionários queiram trabalhar por conta (como é o seu caso) e não estejam à disposição. Você precisa de ajuda. Por isso, contrata quatro funcionários que conseguiram 85 pontos, não tão habilidosos como você, mas cada um deles um líder por seu próprio mérito.

Preciso mencionar, neste estágio crítico do desenvolvimento da empresa, que você pode ter sido tentado a contratar pessoas que tenham atingido menos de 85 pontos para sua equipe. Talvez esteja pensando: "As quatro pessoas que contratei só precisam seguir os meus passos e a minha orientação para que a empresa continue bem. Já me dou por satisfeito com alguns seguidores que tenham 65 pontos." Este é o erro crítico que muitos líderes cometem. Ao selecionar seguidores, em vez de líderes potenciais, o líder de uma organização limita o potencial de crescimento da empresa. Mas, por ora, digamos que você não cometeu esse erro e contratou quatro líderes que tiveram 85 pontos.

Você e sua equipe de líderes estão se saindo muito bem. O negócio mal consegue atender à demanda. Então, você passa a atender um grande cliente. Seus esforços compensaram, mas você agora estima que precisará de cerca de cem funcionários trabalhando o dia todo para dar conta do recado. Agora é preciso desenvolver uma organização como um todo.

Você começa com seus quatro fiéis funcionários. Eles são bons líderes, ajudaram você a conseguir o sucesso e você está decidido a dar promoções dentro da organização. Eles vão ser seus quatro gerentes. Você chega à conclusão de que a melhor forma de estruturar a nova organização é contar com um gerente, que supervisione as vendas, e os outros 3 supervisionando um turno de 8 horas para manter a produção durante 24 horas por dia. Cada gerente supervisionará 2 gerentes assistentes e cerca de outros 20 funcionários.

Os quatro gerentes contratam seus assistentes que, de acordo com a lei do profissionalismo em baixa, obtiveram 75 pontos. Os gerentes dão aos assistentes a tarefa de contratar os 20 funcionários. Você acertou! Eles contratam pessoas que tiveram 65 pontos. Consequentemente, quase da noite para o dia, a empresa cujos líderes da equipe tinham aproximadamente 87 pontos e era algo do tipo:

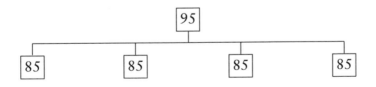

Leader to Leader, Inc. com cinco funcionários

agora tem uma liderança cuja média é de 67 pontos e é algo como o que segue:

Capítulo três

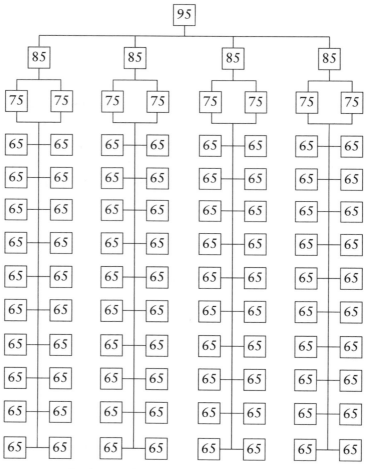

Leader to Leader, Inc. com quase cem funcionários

Toda a contextura da *Leader to Leader, Inc.* mudou. E se os quatro primeiros funcionários que você contratou não fossem líderes, você estaria em uma situação ainda pior.

Este é um exemplo um pouco exagerado. A maioria das empresas não passa de 5 para 100 funcionários da noite para

A principal responsabilidade do líder

o dia. No entanto, as organizações com grandes líderes expandem-se rapidamente. O importante é que você possa de fato ver o impacto que a contratação tem sobre uma organização. Nesse exemplo, o que antes era uma empresa que consistia em pessoas com grande desempenho agora é uma organização dominada por funcionários cujo desempenho é mínimo. Se o departamento de vendas conseguir outra conta considerável, a empresa terá outra expansão. Nesta próxima expansão, os gerentes assistentes que tiveram 75 pontos provavelmente serão promovidos e passarão a ser os novos gerentes, e a empresa passará por outra queda, possivelmente colocando sua média na medíocre casa dos 50 pontos.

Felizmente, há maneiras de combater a tendência que leva à mediocridade. Aqui estão quatro:

1. *Faça com que a contratação seja de responsabilidade de um líder altamente desenvolvido.*

   Já que as pessoas subdesenvolvidas contratam pessoas menos desenvolvidas, melhore a fonte.

2. *Contrate os líderes mais desenvolvidos que você puder encontrar.*

   Não se dê por satisfeito com pessoas que não têm um bom desempenho. Tenha em mente que uma pessoa excelente sempre superará em produção e desempenho duas pessoas medíocres.

3. *Comprometa-se a ser um modelo de liderança.*

   Deixe que todas as pessoas da organização saibam o que se espera delas. Muitos líderes potenciais tentarão atingir um padrão que são capazes de ver.

4. *Comprometa-se a desenvolver aqueles que estão à sua volta.*

Se você desenvolver os líderes potenciais que estão à sua volta, na próxima expansão os disciplinados gerentes assistentes que tinham 75 pontos terão 85 e estarão prontos para ser líderes.

Eu diria que David Ogilvy, fundador da gigantesca agência de publicidade Ogilvy and Mather, compreendeu a lei do profissionalismo em baixa com base nas informações que Dennis Waitley oferece sobre o assunto em *The New Dynamics of Winning*. Ele conta que Ogilvy tinha o hábito de dar a cada novo gerente de sua organização uma boneca russa. A boneca tinha, dentro dela, outras cinco bonecas progressivamente menores. Havia uma mensagem dentro da menor que dizia: "Se cada um de nós contratar pessoas inferiores a nós, seremos uma empresa de anões. Mas se cada um de nós contratar pessoas superiores a nós, a Ogilvy and Mather se tornará uma empresa de gigantes." Comprometa-se a encontrar, contratar e desenvolver gigantes.

Qualidades que devem ser procuradas em um líder

Em sua caçada a líderes, você primeiro precisa saber como eles são. Aqui estão dez qualidades de liderança que devem ser procuradas em alguém que você deseja contratar:

CARÁTER

A primeira coisa a ser procurada em qualquer tipo de líder ou potencial líder é a força de caráter. Não descobri nada mais importante do que essa qualidade. Sérias falhas de caráter não

A principal responsabilidade do líder

podem ser ignoradas. Elas, no final, farão com que o líder seja ineficiente — sempre.

Falhas de caráter não devem ser confundidas com fraquezas. Todos temos fraquezas que podem ser superadas por meio de treinamento ou experiência. As falhas de caráter não podem ser mudadas da noite para o dia. Normalmente leva muito tempo para que haja uma mudança, e o processo envolve um importante investimento relacional e dedicação por parte do líder. Qualquer pessoa que você contrate que tenha falhas de caráter será o elo fraco em sua organização. Dependendo da natureza da falha de caráter, a pessoa tem o potencial de destruir a empresa.

> Falhas de caráter não podem ser ignoradas. Elas, no final, farão com que o líder seja ineficiente.

Entre algumas das qualidades que constituem um bom caráter estão honestidade, integridade, autodisciplina, capacidade de ser ensinado, confiabilidade, perseverança, conscientização e uma forte ética profissional. As palavras de uma pessoa de bom caráter correspondem às suas ações. Sua reputação é sólida. Seu comportamento é sincero.

A avaliação de caráter pode ser difícil. Os sinais de alerta que devem ser observados incluem:

- O fracasso de uma pessoa em assumir a responsabilidade por suas ações ou condições.
- Promessas ou obrigações não cumpridas.
- Descumprimento de prazos.

Muito pode se dizer sobre a capacidade de uma pessoa de liderar outros a partir do modo como ela dirige sua própria vida.

Por fim, observe a interação dessa pessoa com os outros. Você também pode falar muita coisa sobre o caráter de uma pessoa observando os relacionamentos dela. Examine os relacionamentos dessa pessoa com superiores, colegas e subordinados. Converse com seus funcionários para descobrir o modo como o líder potencial os trata. Isso irá lhe dar uma percepção melhor.

INFLUÊNCIA

Liderança é influência. Todo líder tem estas duas características: (A) ele está indo para algum lugar e (B) ele é capaz de convencer outros a irem com ele. A influência propriamente dita não é suficiente. Essa influência deve ser avaliada para determinar sua qualidade. Ao observar a influência de um funcionário potencial, examine o seguinte:

Qual é o nível de influência do líder? Esta pessoa tem seguidores por causa de posição (ela usa o poder de seu cargo), permissão (ela desenvolveu relacionamentos que motivam), produção (ela e seus seguidores constantemente produzem resultados), desenvolvimento do pessoal (ela desenvolveu os outros que estão à sua volta) ou personalidade (ela transcende a organização e desenvolve pessoas de alto nível)?

Quem influencia o líder? A quem ele está seguindo? As pessoas tornam-se seus exemplos. O modelo dele é ético? O modelo dele tem as prioridades certas? A quem ele influencia?

A quem ele influencia? De igual modo, a qualidade do seguidor indicará a qualidade do líder. Os seguidores desse líder desempenham positivamente sua função ou são um bando de subordinados servis medíocres?

Stuart Briscoe, em *Discipleship for Ordinary People*, conta a história de um jovem sacerdote a celebrar a cerimônia fúnebre

A principal responsabilidade do líder

de um veterano de guerra. Os amigos militares do veterano queriam participar da cerimônia para homenageá-lo, por isso pediram que o jovem pastor os conduzisse até o caixão para um momento de memória e, em seguida, para fora, passando pela porta lateral. A ocasião deixou de ter o efeito desejado quando o sacerdote os fez passar pela porta errada. Na vista de todos os que participavam do funeral, os homens marcharam, com uma precisão militar, em direção a um quartinho onde se guardavam vassouras e tiveram de bater, rápida e embaraçosamente, em retirada. Todo líder tem de saber para onde está indo. E o melhor é que todo seguidor saiba com certeza que está bem atrás de um líder que sabe o que está fazendo.

ATITUDE POSITIVA

Uma atitude positiva é um dos bens mais valiosos que uma pessoa pode ter na vida. Acredito tanto nisso que escrevi um livro inteiro sobre o assunto, *The Winning Attitude: Your Key to Personal Success*. Muitas vezes o que as pessoas dizem ser realmente um problema não é problema delas. Seu problema está na atitude que as leva a lidar terrivelmente com os obstáculos da vida.

O indivíduo cuja atitude o leva a tratar a vida a partir de uma perspectiva totalmente positiva é alguém que pode ser chamado de uma pessoa sem limites. Em outras palavras, a pessoa não aceita as limitações normais da vida, como acontece com a maioria das pessoas. Ela está determinada a chegar ao limite de seu potencial, ou do potencial de seu produto, antes de aceitar a derrota. Pessoas com atitudes positivas são capazes de ir a lugares aonde outras não podem ir. Fazem coisas que outras não podem fazer. Não se sentem limitadas por obstáculos que impõem a si mesmas.

Uma pessoa com uma atitude positiva é como um abelhão. O abelhão não consegue voar porque o tamanho, o peso e a forma de seu corpo em relação à extensão de suas asas tornam--lhe impossível voar de forma aerodinâmica. Contudo, o abelhão, que desconhece a teoria científica, voa mesmo assim e produz mel todos os dias.

A mentalidade sem limites permite que uma pessoa comece cada dia com uma disposição positiva, como fez um ascensorista sobre o qual li certa vez. Em uma manhã de segunda-feira, em um elevador lotado, o homem começou a cantarolar uma canção. Um dos passageiros, irritado com o humor do homem, rosnou:

— O que deixou você tão feliz?

— Bem, senhor — respondeu o ascensorista, feliz — é que nunca vivi este dia antes.

Não só o futuro parece brilhante quando a atitude é certa, como também o presente dá muito mais prazer. A pessoa positiva entende que a jornada é tão prazerosa quanto o destino.

Pense na atitude como algo deste tipo:

É o homem avançado de nosso verdadeiro eu.

Suas raízes são internas, mas seus frutos são externos.

É nosso melhor amigo ou nosso pior inimigo.

É mais honesto e mais consistente do que nossas palavras.

É um olhar externo com base em experiências do passado.

É uma coisa que atrai as pessoas até nós ou as afasta.

Nunca está contente até que se expresse.

É o bibliotecário do nosso passado.

É o orador do nosso presente.

É o profeta do nosso futuro.[1]

A atitude cria o ambiente, não só para o líder que tem a atitude, mas também para as pessoas que o seguem.

EXCELENTES HABILIDADES PESSOAIS

Um líder sem habilidades pessoais não tem seguidores. Conta-se que Andrew Carnegie, um líder fantástico, pagava a Charles Schwab um salário de um milhão de dólares por ano só por causa de suas excelentes habilidades pessoais. Carnegie tinha outros líderes que conheciam melhor o trabalho e cuja experiência e treinamento correspondiam melhor ao trabalho. Entretanto, faltava-lhes a qualidade humana essencial de ser capaz de contar com outros para ajudá-los, e Schwab conseguia arrancar o que havia de melhor em seus colegas de trabalho. As pessoas podem admirar uma pessoa que só tem talento e habilidade, mas não a seguirão — não por muito tempo.

Entre as excelentes habilidades pessoais estão uma preocupação genuína com os outros, a habilidade de compreender as pessoas e a decisão de fazer da interação positiva com os outros uma das principais preocupações. Nossa atitude para com os outros determina o comportamento delas para conosco. Um líder de sucesso sabe disso.

TALENTOS VISÍVEIS

Toda pessoa que Deus criou tem talentos. Uma de nossas tarefas como líderes é avaliar esses talentos quando temos em mente uma pessoa para o emprego. Considero cada candidato ao emprego um "aspirante" a líder. Minha observação é que há quatro tipos de aspirantes:

Aqueles que jamais serão líderes. Simplesmente falta a algumas pessoas a habilidade de fazer um trabalho específico. Como mencionei anteriormente, todas as pessoas são talentosas. Entretanto, nem todas são talentosas para a tarefa específica em vista. Um aspirante desta categoria que está direcionado para uma área na qual ele não é talentoso fica frustrado, muitas vezes culpa os outros por sua falta de sucesso e, por fim, fica saturado. Se redirecionado, ele tem uma chance de atingir seu potencial.

Aqueles que poderiam ser líderes. Um aspirante que poderia ser um líder é uma pessoa que tem os talentos e as habilidades certos, mas a quem falta autodisciplina. Ele até pode ser uma pessoa com habilidades de um superstar que simplesmente não consegue ter um desempenho bom. Essa pessoa precisa desenvolver a autodisciplina para "realizar a tarefa".

Aqueles que deveriam ser líderes. Um aspirante que deveria ser um líder é alguém que tem um talento (dom) natural, mas poucas habilidades para aproveitar esse talento. Tão logo receba ajuda para desenvolver essas habilidades, ele começa a se tornar a pessoa que foi criado para ser.

Aqueles que têm de ser líderes. A única coisa que falta a um aspirante desta categoria é oportunidade. Ele tem os talentos certos, as habilidades certas e a atitude certa. Tem a iniciativa de ser a pessoa que foi criada para ser. Compete a você ser o líder que dará a ele essa oportunidade. Se você não o fizer, ele encontrará outra pessoa que o faça.

Deus criou todas as pessoas com talentos naturais. Mas ele também as fez com duas extremidades: uma para sentar e outra para pensar. O sucesso na vida depende de qual dessas extremidades é mais usada, e é uma espécie de cara ou coroa: cara (cabeça), você ganha; coroa (cauda), você perde!

Histórico comprovado

O poeta Archibald MacLeish uma vez disse: "Só há uma coisa mais dolorosa do que aprender pela experiência, e é não aprender pela experiência." Líderes que aprendem essa verdade desenvolvem históricos profissionais de sucesso ao longo do tempo. Todos os que inovam, que se esforçam por fazer algo, cometem erros. Pessoas sem um histórico comprovado ou não aprenderam com seus erros ou não tentaram.

Há muitas pessoas que trabalham para mim que são talentosas e que têm um histórico maravilhoso. Duas, em particular, são excelentes líderes que têm a mais alta qualidade de liderança (tiveram a maior pontuação da categoria na Avaliação das Qualidades Comuns da Liderança). Dick Peterson, que trabalhou na IBM durante anos, logo demonstrou que a experiência não lhe havia sido em vão. Dick já tinha um histórico comprovado quando o convidei para fazer parte de minha equipe logo no início do instituto de liderança INJOY. No começo, tínhamos muito potencial, mas faltava-nos recursos. O trabalho árduo, o planejamento e a visão de Dick transformaram um negócio quase sem capital, que funcionava em sua garagem, em uma empresa que produzia materiais e influenciava milhares de líderes pelo país e pelo mundo a cada ano. Sou um privilegiado por ter Dick como presidente do INJOY.

Dan Reiland, pastor-executivo da Skyline Wesleyan Church, tem uma história muito diferente. Dan é um verdadeiro fruto do "time de casa". Começou na Skyline como um dos membros da igreja. Depois de frequentar um seminário, voltou para a igreja como estagiário.

Não era o melhor estagiário que havíamos tido. Na verdade, cheguei a pensar, em um determinado momento, que ele não

Capítulo três

teria sucesso. Mas, por meio de seu trabalho árduo e de minha atuação como mentor, ele logo se tornou um dos melhores pastores da equipe e desenvolveu um histórico extraordinário. Por causa desse histórico, eu o convidei para ser o pastor-executivo da igreja e continuei a treiná-lo. Hoje, ele é um dos melhores pastores-executivos do país e divide uma grande carga. Agora, uma das coisas que mais gosto de ver em sua liderança é sua capacidade de desenvolver outros líderes.

> **Um líder comprovado sempre tem um histórico comprovado.**

Robert Townsend, especialista em administração, observa: "Os líderes aparecem de todos os tamanhos, idades, formas e condições. Alguns são péssimos administradores, outros não são demasiadamente brilhantes. Mas há uma dica para localizá-los. Uma vez que a maioria das pessoas *per se* é medíocre, o verdadeiro líder pode ser reconhecido porque, de um modo ou de outro, as pessoas de sua equipe normalmente tornam-se pessoas cujo desempenho é superior." Sempre verifique o desempenho passado de um candidato. Um líder comprovado sempre tem um histórico comprovado.

CONFIANÇA

As pessoas não seguirão um líder que não tenha confiança em si mesmo. Na realidade, elas se sentem naturalmente atraídas por pessoas que passam confiança. Um ótimo exemplo pode ser visto em um incidente na Rússia durante uma tentativa de golpe. Os tanques do exército cercaram a sede do governo onde residia o presidente Boris Yeltsin e seus defensores da democracia. Os líderes militares de alto escalão ordenaram que o comandante

A principal responsabilidade do líder

do tanque abrisse fogo e matasse Yeltsin. Enquanto o exército girava para colocar-se em posição, Yeltsin saiu a passos largos do prédio, subiu em um dos tanques, olhou bem nos olhos do comandante e agradeceu-lhe por passar para o lado da democracia. Mais tarde, o comandante admitiu que eles não tinham a intenção de passar para o lado dele. Yeltsin pareceu tão confiante e no controle da situação que os soldados conversaram depois e decidiram juntar-se a ele.

A confiança é a característica de uma atitude positiva. Os maiores empreendedores e líderes permanecem confiantes, independentemente das circunstâncias. Há uma história maravilhosa sobre a confiança do notável jogador de beisebol Ty Cobb: Quando Cobb tinha 70 anos, um repórter perguntou-lhe: "Quanto você acha que acertaria se estivesse jogando hoje?" Cobb, cujo índice médio de rebatidas era 0,367 [medido em relação a cada vez que cabe a um jogador rebater], disse: "Cerca de 0,290, talvez 0,300." O repórter disse: "Isto por causa da viagem, dos jogos à noite, do gramado artificial e de todos os novos arremessos, certo?" "Não", respondeu Cobb, "é porque tenho 70 anos". Líderes fortes e confiantes reconhecem e apreciam a confiança nos outros.

A confiança não serve simplesmente para impressionar. Ela capacita. Um bom líder tem a habilidade de instilar em seu pessoal a confiança que ele tem em si mesmo. Um grande líder tem a habilidade de instilar confiança em seu próprio pessoal.

AUTODISCIPLINA

Grandes líderes sempre têm autodisciplina — sem exceção. Infelizmente, nossa sociedade busca gratificação imediata, em vez de autodisciplina. Queremos o café da manhã instantâneo,

Capítulo três

comida pronta (a famosa *fast food*), filmes de acordo com o pedido e dinheiro vivo rápido dos caixas automáticos. Mas o sucesso não vem de imediato. Nem a habilidade de liderar. Como disse o general Dwight D. Eisenhower: "Não há vitórias a preço de barganha."

Uma vez que vivemos em uma sociedade de gratificação imediata, não podemos ter a certeza de que os potenciais líderes que entrevistamos terão autodisciplina — que estarão dispostos a pagar o preço da grande liderança. Quando o assunto é autodisciplina, as pessoas optam por uma dentre estas duas coisas: a dor da disciplina que vem do sacrifício e do crescimento, ou a dor do arrependimento que vem da estrada fácil e de oportunidades perdidas. Cada pessoa na vida faz escolhas. Em *Adventures in Achievement*, E. James Rohn diz que a dor da disciplina pesa alguns gramas. O arrependimento pesa toneladas.

> **Um grande líder tem a habilidade de instilar no seu pessoal a confiança neles mesmos.**

Há duas áreas da autodisciplina que devem ser procuradas em potenciais líderes. A primeira está nas emoções. Líderes eficientes reconhecem que suas reações emocionais são de sua própria responsabilidade. Um líder que decide não permitir que as ações de outras pessoas ditem suas reações experimenta uma liberdade que capacita. Como disse o filósofo grego Epíteto: "Ninguém que não seja mestre de si mesmo é livre."

A segunda área diz respeito ao tempo. Toda pessoa do mundo tem a mesma quota de minutos por dia. Mas o nível de autodisciplina de cada pessoa dita a eficácia com que esses minutos são utilizados. Pessoas disciplinadas estão sempre crescendo, sempre tentando melhorar, e maximizam o uso de seu tempo. Descobri três coisas que caracterizam líderes disciplinados:

A principal responsabilidade do líder

- Eles identificam metas a curto e longo prazos para eles mesmos.
- Eles têm um plano para atingir essas metas.
- Eles têm um desejo que os motiva a continuar a trabalhar para cumprir essas metas.

O progresso tem um preço. Ao entrevistar um líder potencial, veja se ele está disposto a pagar o preço. O autor da conhecida história em quadrinhos Ziggy reconheceu isso ao desenhar a seguinte cena: Ao descer uma rua em seu pequeno carro, nosso amigo Ziggy viu duas placas. A primeira dizia em negrito: "A estrada para o sucesso." Logo mais adiante estava a segunda placa. Ela dizia: "Prepare-se para parar no pedágio."

HABILIDADES PARA COMUNICAR-SE COM EFICIÊNCIA

Nunca subestime a importância da comunicação. Ela consome grande parte de nosso tempo. Um estudo, apresentado por D. K. Burlow em *The Process of Communication*, afirma que, em média, o norte-americano passa 70% de seu tempo ativo por dia comunicando-se verbalmente. Sem a habilidade de comunicar-se, um líder não pode expor sua visão com eficiência nem pedir que seu pessoal a ponha em prática. O presidente Gerald Ford certa vez disse: "Nada na vida é mais importante do que a habilidade de comunicar-se com eficiência." Um líder não pode atingir seu potencial sem habilidades para comunicar-se com eficiência.

> Gostar das pessoas é o primeiro passo para a habilidade de se comunicar.

A habilidade de um líder de passar confiança e sua habilidade de comunicar-se com eficiência são similares. Ambas requerem ação de sua parte e uma resposta de quem o segue. A comunicação é uma *interação* positiva. Quando é unilateral, ela pode ser cômica. Você já deve ter ouvido a história de um juiz frustrado que se preparava para ouvir um caso de divórcio:

— Por que vocês querem o divórcio? — perguntou o juiz.

— Em que ele se baseia?

— Acabou. Temos um acre e meio — respondeu a mulher.

— Não, não — disse o juiz. — Vocês têm ressentimento?

— Sim, senhor. Tem a ver com dois carros.

— Preciso de uma razão para o divórcio — disse o juiz, impaciente. – Ele bate em você?

— Oh, não. Eu me levanto às 6 horas todos os dias para fazer meus exercícios. Ele se levanta mais tarde.

— Por favor — disse o juiz irritado. — Por que vocês querem o divórcio?

— Oh — ela respondeu. — Parece que é impossível nos comunicarmos um com o outro.

Ao observar as habilidades de comunicação de um líder potencial, procuro o seguinte:

Uma preocupação genuína com a pessoa com quem ele está conversando. Quando as pessoas percebem que você se preocupa com elas, elas se dispõem a ouvir o que você tem a dizer. Gostar das pessoas é o primeiro passo para a habilidade de se comunicar.

A habilidade de concentrar-se na pessoa que responde. Comunicadores ineficientes concentram-se em si mesmos e em suas próprias opiniões. Bons comunicadores concentram-se na resposta da pessoa com quem estão conversando. Bons comunicadores também leem a linguagem corporal. Quando entrevisto um funcionário potencial, e ele não consegue ler a linguagem

A principal responsabilidade do líder

do meu corpo no sentido de que estou pronto para passar para outro assunto, isso emite para mim um sinal de perigo.

A habilidade de se comunicar com todos os tipos de pessoas. Um bom comunicador tem a habilidade de deixar uma pessoa à vontade. Ele consegue descobrir uma forma de relacionar-se com quase todas as pessoas em qualquer nível.

O contato visual com a pessoa com quem ele está falando. A maioria das pessoas que estão sendo sinceras com você está disposta a olhá-lo nos olhos. Integridade e convicção pessoal dão credibilidade à comunicação.

Um sorriso afetuoso. A forma mais rápida de abrir canais de comunicação é sorrir. Um sorriso vence as inúmeras barreiras de comunicação, transpondo os limites de cultura, raça, idade, classe, sexo, educação e condição econômica.

Se espero que uma pessoa seja líder, também devo esperar que ela seja capaz de se comunicar.

Insatisfeito com o *status quo* (estado atual)

Já disse antes para minha equipe que *status quo* é o termo em latim para "a confusão em que estamos metidos". Os líderes sabem o que é isso, mas o mais importante é que eles têm uma visão do que poderia ser. Nunca estão satisfeitos com as coisas como elas estão. Ser líder, por definição, é estar na frente, inovando, conquistando novos mundos, distanciando-se do *status quo*. Donna Harrison afirma: "Grandes líderes nunca estão satisfeitos com os níveis atuais de desempenho. Sempre tentam atingir níveis de realização cada vez mais altos." Eles vão além do *status quo* e pedem o mesmo para aqueles que estão à

> Um líder que gosta do *status quo* logo se torna um seguidor.

73

Capítulo três

sua volta.

A insatisfação com o *status quo* não significa uma atitude negativa ou rabugice. Tem a ver com a disposição de ser diferente e assumir riscos. Uma pessoa que se recusa a arriscar uma mudança não consegue crescer. Um líder que gosta do *status quo* logo se torna um seguidor. Raymond Smith, da Bell Atlantic Corporation, certa vez observou: "Pegar a estrada segura, fazer seu trabalho e não criar caso pode impedi-lo de ser demitido (pelo menos, por ora), mas, certamente, não fará muito por sua carreira ou por sua empresa a longo prazo. Não somos idiotas. Sabemos que é fácil encontrar administradores e que é barato mantê-los. Líderes — os que assumem riscos — estão em falta no mercado. E aqueles que têm visão são verdadeiras relíquias."

> Procure pessoas que busquem soluções.

Arriscar-se parece ser algo perigoso para pessoas que se sentem mais à vontade com problemas antigos do que com soluções novas. A diferença entre a energia e o tempo necessários para aguentar os velhos problemas e a energia e o tempo necessários para propor novas soluções é surpreendentemente pequena. A diferença está na atitude. Ao procurar líderes potenciais, procure pessoas que busquem soluções.

Bons líderes deliberadamente buscam e encontram líderes potenciais. Grandes líderes não só os encontram, mas também os transformam em outros grandes líderes. Uma habilidade de reconhecer a capacidade e uma estratégia para encontrar líderes tornam isso possível. O que você tem em mente para encontrar e identificar líderes potenciais?

CAPÍTULO QUATRO

A tarefa crucial do líder:

Incentivar potenciais líderes

◆

Muitas organizações hoje não conseguem usar seu potencial. Por quê? Porque a única gratificação que oferecem aos seus funcionários é o salário. A relação entre patrão e funcionário nunca vai além deste ponto. Organizações de sucesso assumem uma outra abordagem. Em troca do trabalho que oferece, a pessoa não só recebe seu salário, mas também estímulos das pessoas para quem trabalha. E o estímulo tem a capacidade de transformar a vida das pessoas.

Tão logo tenha identificado potenciais líderes, você precisa começar o trabalho de transformá-los nos líderes que eles podem ser. Para isso, você precisa de uma estratégia. Utilizo o acrônimo CICA como um lembrete do que as pessoas precisam quando iniciam o trabalho em minha organização. É preciso:

Capítulo quatro

Confiar nelas.
Incentivá-las
Compartilhar experiências com elas.
Acreditar nelas.

> O estímulo tem a capacidade de transformar a vida das pessoas.

A técnica do CICA é o começo do próximo elemento de desenvolvimento dos líderes que estão à sua volta: estimular líderes potenciais.

O estímulo beneficia todos. Que pessoa não se sente mais segura e motivada quando seu líder *confia* nela, a *incentiva, compartilha* experiências com ela e *acredita* nela? As pessoas são mais produtivas quando são estimuladas. O que é mais importante ainda é que o estímulo cria um forte alicerce emocional e profissional entre os funcionários que têm potencial de liderança. Mais tarde, usando o treinamento e o desenvolvimento, o líder pode ser desenvolvido sobre esse alicerce.

O processo de estímulo implica em mais do que um simples incentivo. Inclui também o exemplo. Na realidade, a maior responsabilidade do líder no processo de estímulo é ser exemplo de liderança, de uma forte ética profissional, de responsabilidade, de caráter, de franqueza, de consistência, de comunicação e de confiança nas pessoas. Mesmo quando está no processo de oferecer algo às pessoas que estão à sua volta, o líder também é um exemplo. O processo de ser exemplo atinge seu potencial máximo quando o próprio líder escolhe um exemplo a ser imitado e, em seguida, torna-se um exemplo para os membros de sua equipe. Como uma vez disse o escritor do século 18, Oliver Goldsmith: "As pessoas raramente melhoram quando não têm outro modelo senão elas mesmas para imitar." Nós, líderes, devemos nos apresentar como exemplos a serem imitados.

Mark Twain certa vez brincou: "Fazer o que é certo é maravilhoso. Ensinar os outros a fazer o que é certo é ainda mais maravilhoso — e muito mais fácil." Tenho algo a inferir da ideia de Twain: "Levar os outros a fazer o que é certo é maravilhoso. Fazer o que é certo e depois levar os outros a agir assim é mais maravilhoso — e mais difícil." Como Twain, reconheço que as autodisciplinas que implicam em fazer o que é certo e depois ensinar os outros a fazer o que é certo são difíceis para a natureza humana. Todos podem encontrar desculpas para não oferecer algo àqueles que estão à sua volta. Grandes líderes conhecem as dificuldades e estimulam seu pessoal mesmo assim. Sabem que há pessoas que responderão de forma positiva ao que eles oferecem, e concentram-se nesses resultados positivos.

Aqui estão as coisas que descobri que um líder deve fazer para estimular os líderes potenciais que estão à sua volta.

Escolha um exemplo de liderança para si mesmo

Como líderes, você e eu somos os primeiros responsáveis por encontrar bons exemplos para nós mesmos. Pense com cuidado nos líderes que você seguirá, pois eles determinarão o seu curso. Desenvolvi seis perguntas para fazer para mim mesmo antes de escolher um exemplo para seguir:

A PESSOA QUE QUERO SEGUIR MERECE SER SEGUIDA?

Esta pergunta está relacionada à qualidade do caráter. Se a resposta não for realmente positiva, é preciso ter muito cuidado. Serei como as pessoas que sigo, e não quero pessoas com falhas de caráter.

A PESSOA QUE QUERO SEGUIR TEM SEGUIDORES?

Esta pergunta avalia a credibilidade. É possível que você seja a primeira pessoa a descobrir que um líder merece ser seguido, mas nem sempre isso acontece. Se a pessoa não tiver seguidores, talvez ela não mereça ser seguida.

Se minha resposta a qualquer uma dessas duas perguntas for negativa, não preciso me preocupar com as outras quatro. Preciso procurar outro modelo.

QUAL É O PONTO MAIS FORTE QUE INFLUENCIA OS OUTROS A SEGUIREM A PESSOA QUE ESCOLHI COMO MODELO?

O que esta pessoa tem a me oferecer? O que há de melhor nela? Observe também que líderes fortes têm pontos fracos e pontos fortes. Não quero imitar, por descuido, os pontos fracos.

A PESSOA QUE QUERO SEGUIR DESENVOLVE OUTROS LÍDERES?

A resposta para esta pergunta dirá se as prioridades de liderança desta pessoa correspondem às minhas no que diz respeito a desenvolver novos líderes.

OS PONTOS FORTES DA PESSOA QUE ESCOLHI COMO MODELO PODEM SER IMITADOS POR MIM?

Se eu não puder imitar os pontos fortes desta pessoa, seu exemplo não será benéfico para mim. Por exemplo, se você admira a habilidade de Shaquille O'Neil como pivô de basquete, mas só tem 1,75 metro de altura e pesa 80 quilos, você não poderá imitar os pontos fortes dele. Encontre modelos adequados, mas tente sempre melhorar. Não seja rápido demais em dizer que um ponto forte não pode ser imitado. A maioria pode. Não limite seu potencial.

SE O PONTO FORTE DA PESSOA QUE ESCOLHI COMO MODELO PODE SER IMITADO EM MINHA VIDA, QUE PASSOS DEVO TOMAR PARA DESENVOLVER E MOSTRAR ESSE PONTO FORTE?

Você deve desenvolver um plano de ação. Se só responder às perguntas e nunca implementar um plano para desenvolver os pontos fortes em si mesmo, você só estará fazendo um exercício intelectual.

Podemos ou não ter acesso aos modelos que escolhemos de um modo pessoal. Alguns talvez sejam personalidades nacionais, como um presidente. Ou talvez sejam pessoas da história. Eles certamente podem beneficiar você, mas não do modo como um mentor pessoal poderia.

Diretrizes para relacionamentos de mentorização

Ao encontrar alguém que possa, pessoalmente, mentorear você, utilize estas diretrizes para ajudá-lo a desenvolver um relacionamento positivo com essa pessoa como seu mentor:

FAÇA AS PERGUNTAS CERTAS

Pense nas perguntas que você fará antes de se encontrar com seu mentor. Faça com que sejam estratégicas para seu próprio crescimento.

Deixe claro seu nível de expectativas

Em geral, o objetivo da mentorização é o aperfeiçoamento, e não a perfeição. Talvez somente algumas pessoas possam ser de fato excelentes — mas todos podemos melhorar.

Aceite uma posição subordinada de aprendizado

Não deixe que o ego seja um obstáculo ao aprendizado. Tentar impressionar o mentor com seu conhecimento ou habilidade servirá para criar uma barreira mental entre vocês. Irá impedi-lo de receber aquilo que o mentor está oferecendo.

Respeite o mentor, mas não o idolatre

O respeito permite que aceitemos o que o mentor está ensinando. Entretanto, fazer do mentor um ídolo é algo que elimina a capacidade de ser objetivo e crítico — faculdades de que precisamos para adaptarmos o conhecimento e a experiência de um mentor a nós mesmos.

Ponha imediatamente em prática o que você está aprendendo

Nos melhores relacionamentos de mentorização, o que se aprende logo entra em perspectiva. Aprenda, pratique e assimile.

Seja disciplinado ao relacionar-se com o mentor

Disponha de um tempo considerável e regular, escolha o assunto antecipadamente e faça a sua parte para que as sessões sejam proveitosas.

RECOMPENSE SEU MENTOR COM SEU PRÓPRIO PROGRESSO

Se você demonstra apreço por ele, mas não tem progresso, o mentor sente ter fracassado. Seu progresso é a maior recompensa para ele. Empenhe-se para crescer e, então, mostre seu progresso.

NÃO AMEACE DESISTIR

Faça com que seu mentor saiba que você tomou a decisão de progredir e que você é uma pessoa persistente — alguém determinado a vencer. Assim ele saberá que não está perdendo tempo.

Crie confiança

Descobri que a confiança é o fator mais importante no desenvolvimento de relacionamentos pessoais e profissionais. Warren Bennis e Burt Nanus chamam-na de "a cola que prende seguidores a líderes". Confiança implica em responsabilidade, previsibilidade e credibilidade. Mais do que qualquer coisa, aqueles que seguem um líder querem acreditar e confiar nele. Querem poder dizer: "Algum dia, quero ser como ele ou ela." Se não confiarem em você, eles não dirão isso. As pessoas, primeiro, precisam acreditar em você para que possam seguir sua liderança.

A confiança deve ser desenvolvida dia após dia. Requer consistência. Algumas formas pelas quais um líder pode trair a confiança de alguém incluem não cumprir promessas, comentar sobre a vida alheia, guardar informações e ser falso. Essas ações destroem o ambiente de confiança necessário para o crescimento de potenciais líderes. E quando um líder deixa de ser confiável, seu esforço tem de ser dobrado para ter a confiança dos outros de volta. Como certa vez disse o líder cristão Cheryl Biehl: "Uma das realidades da vida é que se você não puder confiar em uma pessoa em todos os sentidos, não poderá de fato confiar nela em nenhum sentido."

Todo outono fico ansioso para ver o pobre Charlie Brown tentar chutar uma bola de futebol. Ele sempre acaba com a cara no chão ou caindo para trás porque Lucy, que segura a bola para ele, a tira no último instante. Depois de puxar a bola, Lucy sempre fala para Charlie que ela lhe está tentando ensinar que ele não deve confiar tanto nas pessoas. Mas, mesmo assim, ele insiste em tentar chutar a bola, ano após ano. Por quê? Charlie de fato quer confiar nas pessoas. Lucy não é uma líder, e jamais será. A liderança só dá certo com base na confiança; Lucy não é confiável.

> A liderança só dá certo com base na confiança.

As pessoas não seguirão um líder em quem não confiam. É de responsabilidade do líder desenvolver efetivamente a confiança que as pessoas à sua volta depositam nele. Cria-se confiança em muitas coisas:

Tempo	Reserve tempo para ouvir e dar um retorno sobre o desempenho da pessoa.
Respeito	Respeite o líder potencial e ele lhe retribuirá com confiança.
Apreço Positivo Incondicional	Mostre que você aceita a pessoa.

Sensibilidade	Perceba os sentimentos e as necessidades do líder potencial.
Toque	Dê incentivo — um aperto de mão, um "toque aqui" ou um tapinha nas costas.

Uma vez que as pessoas confiam no líder como pessoa, elas passam a confiar na liderança dele.

Mostre transparência

Todos os líderes cometem erros. Os erros fazem parte da vida. Líderes de sucesso reconhecem seus erros, aprendem com eles e esforçam-se para corrigir suas falhas. Um estudo realizado com 105 executivos revelou muitas características compartilhadas por profissionais bem-sucedidos. Uma característica específica foi identificada como sendo a mais importante: eles admitiam seus erros e aceitavam as consequências, em vez de tentarem culpar os outros.

Vivemos entre pessoas que tentam fazer com que qualquer um seja responsável pelas ações ou condições delas. Elas não querem sofrer as consequências de suas ações. É possível ver essa atitude em todos os lugares. As propagandas de televisão convidam-nos diariamente a mover uma ação judicial, "mesmo que você seja culpado por um acidente" ou "declare falência" para evitar credores. Um líder que está disposto a assumir a responsabilidade por suas ações e ser honesto e transparente com as pessoas de sua equipe é alguém que elas admiram, respeitam e em quem confiam. Esse líder também é alguém com quem elas podem aprender algo.

Capítulo quatro

Ofereça tempo

As pessoas não podem ser estimuladas à distância ou por rápidos e infrequentes "ataques" de atenção. Elas precisam que você passe tempo com elas — um tempo planejado, e não o tempo de trocar apenas algumas palavras a caminho de uma reunião. Tenho como prioridade manter o contato com os líderes de minha organização. Planejo e faço sessões de treinamento para minha equipe, agendo um horário para ser mentor de cada um deles, individualmente, e marco reuniões em que os membros da equipe possam compartilhar informações. Muitas vezes levo um líder potencial para almoçar comigo. Frequentemente consulto os membros de minha equipe para ver como anda o progresso na área de responsabilidade deles e dou assistência, se necessário.

Vivemos em um mundo agitado e exigente, e tempo é uma coisa difícil de ser dada. É o bem mais valioso de um líder. Peter Drucker escreveu: "Nada mais, talvez, distingue tanto os executivos eficientes do que sua cuidadosa preocupação com o tempo." O tempo é valioso, mas o tempo dispensado com um potencial líder é um investimento. Sua atitude de se oferecer é benéfica para você, para a organização e para quem ela está direcionada. Líderes que estimulam devem manter uma atitude de entrega. Norman Vincent Peale expressou muito bem essa verdade quando disse que o homem que vive para si mesmo é um fracasso; o homem que vive para os outros já atingiu o verdadeiro sucesso.

> O tempo dispensado com um potencial líder é um investimento.

A tarefa crucial do líder

Acredite nas pessoas

Ao acreditar nas pessoas, você as motiva e libera o potencial delas. E as pessoas percebem, intuitivamente, quando alguém realmente acredita nelas. Qualquer pessoa pode ver as pessoas como elas são. Cabe a um líder ver em que elas podem se transformar, incentivá-las a crescer nesse sentido e acreditar que elas terão êxito. As pessoas sempre seguem na direção das expectativas de um líder, e não de suas críticas e avaliações. Raramente as avaliações *medem* o progresso. São as expectativas que o *promovem*. Você pode contratar pessoas para trabalhar para você, mas deve conquistar o coração dessas pessoas acreditando nelas para que elas trabalhem com você.

> Ao acreditar nas pessoas, você as motiva e libera o potencial delas.

Dê incentivo

Muitos líderes esperam que as pessoas da equipe se incentivem. Mas a maioria das pessoas necessita de um incentivo externo para impeli-las para frente. É vital para o crescimento delas. O médico George Adams descobriu que o incentivo é tão vital para a existência de uma pessoa que passou a chamá-lo de "oxigênio para a alma".

Líderes novos precisam ser incentivados. Quando se deparam com uma nova situação, eles encontram muitas mudanças e eles mesmos passam por muitas mudanças. O incentivo ajuda-os a atingir seu potencial; ele os capacita, dando-lhes energia para seguir em frente quando cometem erros.

Recorra a muitos reforços positivos com seu pessoal. Não conte com um trabalho satisfatório; agradeça às pessoas por ele. Elogie uma pessoa toda vez que houver aprimoramento. E personalize seu incentivo toda vez que puder. Lembre-se de que o que motiva uma pessoa pode deixar outra pessoa indiferente ou até irritada. Descubra o que funciona com cada pessoa de sua equipe e use isso.

John Wooden, técnico da equipe de basquete da UCLA (Universidade da Califórnia), disse aos jogadores que, quando marcassem pontos, dessem um sorriso, piscassem um dos olhos ou fizessem um sinal com a cabeça para o jogador que lhes havia feito um bom passe. "E se ele não estiver olhando?", perguntou um membro da equipe.

Wooden respondeu: "Garanto que estará." Todos valorizam o incentivo e estão à procura dele — principalmente quando o líder é alguém que constantemente incentiva.

Mostre consistência

A consistência é uma parte importante do estímulo de líderes potenciais, assim como em qualquer outro tipo de estímulo. Quando somos consistentes, as pessoas de nossa equipe aprendem a confiar em nós. Elas podem crescer e desenvolver-se porque sabem o que esperam de nós. Podem responder à pergunta "O que meu líder faria nesta situação?", quando estão diante de decisões difíceis. Têm segurança porque sabem qual será a resposta que daremos a elas, independentemente das circunstâncias.

Talvez você já tenha ouvido a história do fazendeiro que passou por vários anos difíceis. Ele vai procurar o gerente de seu banco:

— Tenho uma notícia boa e outra ruim para você. Qual você quer ouvir primeiro? — perguntou o fazendeiro.

— Por que o senhor não me conta a notícia ruim primeiro e acaba logo com isso? — respondeu o funcionário do banco.

— Pois bem. Com a terrível seca, a inflação e tudo, não poderei pagar nem um centavo de meu financiamento neste ano, seja o empréstimo ou os juros.

— Bem, isso é péssimo.

— E tem o pior. Também não poderei pagar nem um centavo do empréstimo que fiz para comprar todo o meu maquinário, nem do empréstimo nem dos juros.

— Uau! A situação é ainda pior!

— É pior do que isso. Você lembra que também fiz um empréstimo para comprar sementes, fertilizantes e outros sortimentos? Pois bem, não posso pagar nada — nem o empréstimo, nem os juros.

— Isso é terrível e já basta! Diga qual é a boa notícia.

— A boa notícia — respondeu o fazendeiro com um sorriso — é que tenho a intenção de continuar a fazer negócios com você.[1]

Felizmente, o desempenho de grande parte de nossos líderes potenciais é melhor do que o do nosso amigo fazendeiro. Ao contrário dele, os líderes não precisarão desse constante apoio assim por tanto tempo antes de poderem mudar as coisas. Quando acreditamos em nossos potenciais líderes, e constantemente os apoiamos e os incentivamos, damos a eles aquela força a mais de que precisam para não perder o ânimo e ter um bom desempenho por nós.

Capítulo quatro

Mantenha o clima de esperança

A esperança é um dos maiores presentes que os líderes podem dar para aqueles que estão à sua volta. Seu poder nunca deve ser subestimado. Cabe a um grande líder dar esperança às pessoas quando elas não conseguem encontrá-la dentro de si mesmas. Winston Churchill reconheceu o valor da esperança. Ele era primeiro-ministro da Inglaterra durante alguns dos períodos mais terríveis da Segunda Guerra Mundial. Certa vez um repórter perguntou a ele qual havia sido a maior arma de seu país contra o regime nazista de Hitler. Sem uma pausa sequer, ele disse: "Foi o que sempre foi a maior arma da Inglaterra — a esperança."

As pessoas continuarão a trabalhar, a esforçar-se e a tentar se tiverem esperança. A esperança levanta o moral. Melhora a autoimagem. Revigora as pessoas. Eleva suas expectativas. Compete ao líder manter o clima de esperança, instilar esperança nas pessoas que lidera. As pessoas de nossa equipe só terão esperança se nós a dermos a elas. E teremos esperança para oferecer se nos mantivermos a atitude certa. Clare Boothe Luce, em *Europe in the Spring*, cita o herói da Batalha de Verdun, Marshal Foch, como aquele que diz: "Não existem situações perdidas: existem apenas homens que perderam a esperança com relação a elas."

> Compete ao líder manter o clima de esperança.

Manter a esperança é algo que fazemos quando vemos possibilidade em todas as situações e permanecemos positivos, a despeito das circunstâncias. O Dr. G. Campbell Morgan conta a história de um homem cuja loja veio ao chão em um grande incêndio em Chicago. Ele chegou às ruínas na manhã seguinte carregando uma mesa e a montou no meio dos escombros carbonizados. Sobre a mesa ele colocou esta otimista placa: "Perdi tudo, menos a mulher, os filhos e a esperança. A loja estará funcionando normalmente amanhã de manhã."

Dê importância

Ninguém quer passar o tempo fazendo um trabalho que não seja importante. As pessoas querem realizar trabalhos que façam a diferença. As pessoas que trabalham frequentemente dizem coisas como: "Quero sentir que cheguei lá, que realizei algo, que fiz a diferença. Quero a excelência. Quero que o que faço seja importante. Quero causar um impacto." As pessoas querem importância.

Compete ao líder dar importância à vida das pessoas que ele lidera. Uma das formas pelas quais podemos fazer isso é fazer com que elas sejam parte de algo que valha a pena. São muitas as pessoas que simplesmente se colocam em uma posição cômoda na vida e ficam ali, em vez de buscarem metas importantes. Os líderes não podem fazer isso. Todo líder deve fazer a seguinte pergunta para si mesmo: "Será que quero sobrevivência, sucesso ou importância?" Os melhores líderes desejam importância e despendem seu tempo e energia em busca de seus sonhos. Como disse a antiga diretora-executiva do *Washington Post*, Katharine Graham: "Amar o que se faz e perceber que é isso que importa — o que poderia ser mais divertido?"

Moishe Rosen ensina um exercício mental de uma única frase que é uma ferramenta eficiente para ajudar uma pessoa a identificar seu sonho. Ele pede que a pessoa preencha os espaços em branco:

Capítulo quatro

Se eu tivesse _____

eu faria _____

A ideia é a seguinte: se você tivesse aquilo que desejasse — tempo ilimitado, dinheiro ilimitado, informações ilimitadas, equipe ilimitada (todos os recursos que você poderia pedir) —, o que você faria? Sua resposta a essa pergunta é seu sonho.

Agir de acordo com seu sonho dá significado à sua vida. Há um exemplo clássico na história. Todos já ouviram a história da descoberta de Isaac Newton sobre a Lei da Gravidade após observar a queda de uma maçã. O que poucas pessoas sabem é que Edmund Halley, o astrônomo que descobriu o Cometa Halley, é praticamente o único responsável por tornar conhecidas as teorias de Newton. Halley desafiou Newton a considerar bem suas primeiras noções. Corrigiu os erros matemáticos e preparou figuras geométricas para sustentar o trabalho dele. Não só incentivou Newton a escrever sua grande obra, *Princípios Matemáticos da Filosofia Natural*, como também a editou, supervisionou a publicação e financiou a impressão, embora Newton fosse mais rico e pudesse facilmente bancar os custos da impressão.

Halley incentivou Newton a agir de acordo com seu sonho e deu uma imensurável importância à sua vida. Newton começou a colher os frutos da notoriedade quase imediatamente. Halley recebeu pouco crédito, mas deve ter sentido uma grande satisfação em saber que foi ele quem inspirou aquelas ideias revolucionárias no avanço dos conceitos científicos.

Identifique seu sonho e corra atrás dele. Torne-o pessoal, atingível, mensurável, visível e expansível. O desejo de ter importância pode levar-nos a trazer à tona o que há de melhor em nós. E participar da realização do nosso sonho pode enriquecer a vida daqueles que estão à nossa volta.

A tarefa crucial do líder

Outra forma de dar importância à vida das pessoas que você lidera é mostrar-lhes toda a situação e deixar que elas saibam de que modo podem contribuir. Muitas pessoas ficam tão presas à tarefa do momento que não conseguem ver a importância do que fazem.

Um membro de minha equipe que foi antigo reitor de uma faculdade vocacional contou-me sobre um dia em que ele estava apresentando um novo funcionário. Enquanto ele apresentava e descrevia a posição de cada uma das pessoas, a recepcionista ouviu-o, por acaso, dizer que a posição dela era muito importante. Ela comentou: "Não sou importante. A coisa mais importante que faço todos os dias é preencher fichas."

"Sem você", respondeu o reitor, "esta escola não existiria. Cada novo aluno que vem para cá conversa primeiro com você. Se ele não gostasse de você, não gostaria da escola. Se não gostasse da escola, não viria estudar aqui, e logo faltariam alunos. Teríamos de fechar as portas."

"Uau! Nunca pensei dessa forma", ela respondeu. O reitor percebeu na mesma hora que ela se sentiu mais confiante, e ela passou a se sentar mais ereta atrás de sua mesa enquanto atendia o telefone. O líder do departamento dela nunca havia lhe explicado a importância de seu trabalho. Ele nunca havia lhe explicado seu valor para a organização. Ao ver a situação como um todo, ela passou a dar um outro significado à sua vida.

Dê segurança

Norman Cousins disse: "As pessoas nunca ficam mais inseguras do que quando se tornam obcecadas por seus temores às custas de seus sonhos." Pessoas que se concentram em seus temores não crescem. Ficam estagnadas. Os líderes estão em uma posição de oferecer aos seus seguidores um ambiente de segurança no qual eles possam crescer e se desenvolver. Um líder potencial que se sente seguro tem maiores chances de assumir riscos, de tentar sobressair, de inovar e de ter sucesso. Os grandes líderes fazem com que seus seguidores se sintam mais importantes do que são. Logo, os seguidores começam a pensar, a agir e a criar coisas mais importantes. Por fim, tornam-se o que pensam que são.

Henry Ford uma vez disse: "Uma das maiores descobertas que um homem faz, uma de suas maiores surpresas, é descobrir que ele pode fazer aquilo que tinha receio de não poder fazer." Um líder que estimula dá a segurança de que um líder potencial precisa para fazer essa descoberta.

Recompense pela produção

As pessoas atingem nosso nível de expectativas. Tentam dar--nos aquilo pelo que as recompensamos. Se quiser que as pessoas de sua equipe produzam, você precisa recompensá-las pela produção.

Thomas J. Watson (o pai), fundador da IBM, ficou conhecido por carregar um talão de cheques enquanto passava pelos escritórios e fábricas. Toda vez que via alguém fazendo um trabalho excepcional, ele fazia um cheque para aquela pessoa. Podia ser de 5, 10 ou 25 dólares. As quantias eram pequenas, mas o impacto que a ação desse homem causava era muito grande. Em muitos casos, as pessoas nunca descontaram os cheques. Elas os emolduraram e os penduraram na parede da sala. Suas recompensas não eram em dinheiro, mas no reconhecimento pessoal de sua produção. É isso que dá importância e que leva uma pessoa a dar o melhor de si.

Até uma pessoa que é diligente e trabalhadora, por fim, ficará desmoralizada se, em vez de recompensada, sua produção for desestimulada. Você provavelmente se lembra da história infantil da pequena galinha vermelha, aquela que queria ajudar a assar pão. Segue uma versão moderna:

> Era uma vez uma pequena galinha vermelha que ficou a ciscar o curral até descobrir alguns grãos de trigo. Ela chamou seus vizinhos e disse:
>
> — Se plantarmos esses grãos de trigo, teremos pão para comer. Quem vai me ajudar a plantá-los?
>
> — Eu não — disse a vaca.
>
> — Eu não — disse o pato.
>
> — Eu não — disse o porco.
>
> — Eu não — disse o ganso.
>
> — Então vou eu — disse a pequena galinha vermelha, e foi. O trigo ficou alto e se transformou em um grão dourado. — Quem vai me ajudar a colher o trigo? — perguntou a pequena galinha vermelha.
>
> — Eu não — disse o pato.
>
> — Este serviço não é da minha área — disse o porco.
>
> — Eu perderia meus anos de trabalho — disse a vaca.
>
> — Eu perderia meu seguro-desemprego — disse o ganso.
>
> — Então vou eu — disse a pequena galinha vermelha, e foi.
>
> Por fim, chegou a hora de assar o pão. — Quem vai me ajudar a assar o pão? — perguntou a pequena galinha vermelha.
>
> — Isso seria hora extra para mim — disse a vaca.
>
> — Eu perderia meus benefícios — disse o pato.
>
> — Se eu for o único a ajudar, isso será discriminação — disse o ganso.

— Então vou eu — disse a pequena galinha vermelha. Ela assou cinco pães e os ergueu para que seus vizinhos os vissem. Todos quiseram um pouco. Na realidade, exigiram uma parte. Mas a pequena galinha vermelha disse:
— Não! Vou comer os cinco pães sozinha.

— Ganância excessiva — berrou a vaca.

— Sua sanguessuga capitalista — gritou o pato.

— Exijo direitos iguais — gritou o ganso.

O porco só grunhiu. Então, os outros, mais que depressa, pintaram faixas de greve e marcharam em protesto, gritando obscenidades.

O agente do governo apareceu e disse à pequena galinha vermelha: — Você não deve ser mesquinha.

— Mas sou eu que mereço o pão — disse a pequena galinha vermelha.

— Justo — disse o agente. — Este é o maravilhoso sistema empresarial livre. Qualquer animal do curral pode ganhar quanto quiser. Mas, de acordo com os regulamentos do governo, os trabalhadores produtivos devem dividir seu produto com os ociosos.

Todos viveram felizes para sempre. Mas os vizinhos da pequena galinha vermelha ficaram curiosos por saber por que ela nunca mais assou pão.[2]

Nós, líderes, devemos ter certeza de que as pessoas de nossa equipe não se sentem como a pequena galinha vermelha. Nunca devemos ser como o agente do governo. Devemos dar reconhecimento positivo e incentivo para aqueles que produzem e ter cuidado para não recompensar os ociosos. Observe bem a sua organização. Quem está levando a recompensa?

Estabeleça um sistema de apoio

Desenvolva um sistema de apoio para os funcionários. Nada ofende mais o moral do que pedir às pessoas que façam algo e não lhes dar os recursos para realizar o trabalho. Creio que todo potencial líder precisa de apoio em cinco áreas:

APOIO EMOCIONAL

Promova uma atmosfera do tipo "sim, você pode". Mesmo quando não há apoio em outras áreas, a pessoa pode avançar quando recebe apoio emocional. Esse apoio custa pouco e gera um retorno incrível.

TREINAMENTO DAS HABILIDADES

Uma das maneiras mais rápidas de desenvolver as pessoas é treiná-las. As pessoas que recebem treinamento percebem que a organização acredita nelas. E são mais produtivas porque ficam muito mais hábeis.

DINHEIRO

Líderes mesquinhos geram trabalhadores mesquinhos. Fica difícil para as pessoas se doarem quando o líder não se doa. Se você paga uma miséria, não espere receber muita coisa. Invista dinheiro nas pessoas; isso sempre gera o maior retorno do seu investimento.

> Invista dinheiro nas pessoas; isso sempre gera o maior retorno do seu investimento.

Capítulo quatro

EQUIPAMENTO

Para fazer bem o trabalho, você precisa das ferramentas certas. Quase sempre um líder ineficiente observa as coisas a partir de uma perspectiva de curto prazo. Investir no equipamento certo dará aos membros de sua equipe o tempo para serem mais produtivos, e manterá o moral deles.

PESSOAL

Arrume as pessoas que são necessárias para que o trabalho seja feito. E arrume pessoas boas. Problemas com pessoal podem consumir tempo e energia de um potencial líder, deixando pouco tempo para a produção. Crie um sistema de apoio para todas as pessoas que estão à sua volta. Mas só o incremente para algum indivíduo quando ele crescer e tiver sucesso. Descobri que o conhecido princípio 80/20, que discuti extensivamente em *Developing the Leader Within You* [Você nasceu para liderar], é, sobretudo, uma verdade aqui. Aquele grupo principal que constitui 20% da organização é responsável por 80% da produção da empresa. Por isso, ao estruturar seu sistema de apoio, ofereça 80% do apoio total às pessoas que mais produzem e que constituem 20% da organização.

As pessoas que contam com um sistema de apoio têm o ambiente e as ferramentas para ter sucesso. Fazem parte de um ambiente cooperativo. Um exercício de treinamento empresarial, descrito em uma palestra proferida por Tom Geddie, da *Central and South West Services*, é uma bela ilustração do que pode acontecer em um ambiente cooperativo:

> Desenhe uma linha imaginária no chão e coloque uma pessoa de cada lado. O objetivo é fazer uma pessoa con-

vencer a outra, sem forçá-la, a cruzar a linha. Os jogadores norte-americanos quase nunca convencem um ao outro, mas seus companheiros japoneses simplesmente dizem: 'Se você cruzar a linha, eu também cruzarei'. Eles trocam de lugar e todos vencem.

Os japoneses reconhecem a importância da cooperação e do apoio mútuo. Ela tem sido a chave de seu sucesso nos últimos cinquenta anos. Pode ser a chave do seu sucesso e do sucesso dos líderes que estão à sua volta.

RECONHEÇA E PERSONALIZE A JORNADA DOS POTENCIAIS LÍDERES

Teddy Roosevelt tinha um cachorrinho que sempre se metia em brigas e saía perdendo. Alguém disse: "Coronel, ele não é um lutador." Teddy replicou: "Oh, ele é um bom lutador. Ele só é um pobre juiz de cachorros."

Os líderes devem ser bons quando julgam os outros. Peter Drucker, especialista em liderança, muitas vezes disse: "É importante discipular uma vida, não ensinar uma lição." O discipulado de uma outra pessoa implica em discernir onde está essa pessoa, sabendo para onde ela deve ir e dando-lhe aquilo de que ela precisa para chegar lá. A pessoa e as tarefas que lhe foram dadas devem ser compatíveis. Como diz Drucker, as pessoas se parecem muito com as flores. Uma, assim como uma rosa, precisa de fertilizante. Outra, mais como uma azaleia, já não precisa. Se você não der às flores o cuidado de que elas precisam, elas jamais florescerão. O líder deve ser capaz de saber a diferença.

Capítulo quatro

No capítulo anterior, discutimos como identificar potenciais líderes. Todos aqueles que são recrutados para sua organização devem ser potenciais líderes, mas você não deve tentar mentorear cada um dos líderes de sua organização. Lidere e estimule todos os que estão sob sua influência, mas passe 80% de seu tempo com os 20% que constituem os líderes potenciais mais promissores que estão à sua volta. Aqui estão algumas diretrizes para que você escolha as pessoas certas para mentorear e desenvolver:

SELECIONE PESSOAS CUJA FILOSOFIA DE VIDA SEJA SEMELHANTE À SUA

Será difícil desenvolver alguém cujos valores são muito diferentes dos seus.

ESCOLHA PESSOAS QUE TENHAM UM POTENCIAL NO QUAL VOCÊ REALMENTE ACREDITA

Se não acreditar nas pessoas, você não lhes dará o tempo de que precisam. E elas perceberão que você não confia nelas. Acreditar no potencial delas, por outro lado, irá capacitá-las. Alguns dos maiores atletas profissionais dos Estados Unidos vieram de pequenas faculdades que não tinham publicidade. Tudo o que esses jogadores precisavam era que os "olheiros" profissionais reconhecessem o potencial que a oportunidade certa poderia trazer à tona. O segredo da mentorização em qualquer área é ajudar uma pessoa a chegar onde ela está disposta a ir.

> Passe 80% de seu tempo com os 20% que constituem os líderes potenciais mais promissores que estão à sua volta.

Defina o que elas precisam

Determinar o que os potenciais líderes precisam implica em observar seus pontos fortes e pontos fracos com objetividade. Os pontos fortes indicam as direções que eles precisam tomar, aquilo que podem vir a ser. Os pontos fracos mostram o que precisamos para ajudá-los a melhorar. Incentivá-los em seus pontos fortes e ajudá-los a superar seus pontos fracos fará com que eles se aproximem de seu potencial.

Avalie constantemente o progresso delas

As pessoas precisam de feedback, principalmente quando começam a ser desenvolvidas. Ben Franklin disse: "O olho do patrão trabalhará mais do que as suas duas mãos juntas." Ele sabia que a habilidade de avaliação de um líder era seu ponto mais forte. Um mentor honesto será objetivo. Se necessário, ele incentivará a pessoa a manter o curso, a buscar outra direção ou até a passar a ter um relacionamento com outro mentor.

Tenha compromisso, seja sério e esteja à disposição das pessoas que você mentoreia

O desenvolvimento dos líderes potenciais será um reflexo de seu compromisso com eles: compromisso medíocre corresponde a desenvolvimento medíocre; compromisso sério corresponde a desenvolvimento sério.

Danny Thomas disse: "Todos nascemos por uma razão, mas ninguém de nós sabe por quê. O sucesso na vida nada tem a ver com o que você ganha na vida ou faz por você. É o que você faz pelos outros." Ao individualizar a jornada de

Capítulo quatro

cada pessoa, você a está ajudando a maximizar seu potencial. Você está dando a ela a chance de descobrir seu objetivo. Você também maximiza a contribuição que ela dará a você e à sua organização.

A maioria das pessoas concorda que o estímulo é importante para o desenvolvimento das crianças. Entretanto, elas muitas vezes não conseguem ver a importância do estímulo no local de trabalho. Presumem que os líderes potenciais estimulam a si mesmos. Se nós, como líderes, não estimularmos os líderes potenciais que estão à nossa volta, eles jamais virão a ser o tipo de líderes que desejamos. Como disse Ralph Waldo Emerson: "O fato de nenhum homem ser capaz de realmente ajudar o outro sem ajudar a si mesmo é uma das mais belas compensações desta vida." Quando você estimula as pessoas que estão à sua volta, todos ganham.

CAPÍTULO CINCO

O que se exige diariamente do líder:

Equipar potenciais líderes

◆

A ESTA ALTURA VOCÊ JÁ sabe identificar potenciais líderes, criar um clima no qual eles possam ser estimulados e incentivá-los de algumas formas básicas. É hora de observar mais especificamente como prepará-los para a liderança dentro da organização. Esse processo de preparação é chamado de equipagem.

A equipagem é semelhante ao treinamento. Entretanto, prefiro o termo "equipagem" porque ele descreve, de modo mais preciso, o processo pelo qual os líderes potenciais têm de passar. O treinamento normalmente concentra-se em tarefas específicas do trabalho; por exemplo, você treina uma pessoa para usar uma copiadora ou atender uma ligação telefônica de um modo específico. O treinamento é apenas uma parte do processo de equipagem que prepara uma pessoa para a liderança.

Quando penso em equipar um potencial líder, penso em preparar uma pessoa inexperiente para escalar uma grande montanha até o pico. A preparação dessa pessoa é um processo. Certamente é preciso prover-lhe equipamentos, como roupas de frio, cordas, picaretas e cavilhas. Ela também precisa ser treinada para usar esses equipamentos.

A preparação de um alpinista, no entanto, vai muito além de simplesmente ter o equipamento correto e saber usá-lo. Ele deve estar condicionado fisicamente para a difícil escalada. Deve ser treinado para fazer parte de uma equipe. O mais importante é que ele precisa ser ensinado a *pensar* como um alpinista. Ele precisa ser capaz de *olhar* para o pico e ver como esse pico será superado. Sem passar por todo o processo de equipagem, ele não só não conseguirá chegar ao topo da montanha, como também poderá se ver isolado na encosta da montanha, morrendo de frio.

A equipagem, como o estímulo, é um processo contínuo. Você não equipa uma pessoa em algumas horas ou em um dia. E isso não se dá mediante o uso de uma fórmula ou fita de vídeo. A equipagem deve ser adaptada a cada líder potencial.

O equipador ideal é aquele que pode transmitir a visão do trabalho, avaliar o líder potencial, dar a ele as ferramentas de que precisa e, então, ajudá-lo ao longo do caminho logo no início de sua jornada.

> **A equipagem é um processo contínuo.**

O equipador é um *modelo* — um líder que faz o trabalho, e o faz bem, direito e com consistência.

O equipador é um *mentor* — um conselheiro que tem a visão da organização e que pode apresentá-la aos outros. Ele tem experiência para ser aproveitada.

O equipador é um *capacitador* — aquele que pode instilar no potencial líder o desejo e a habilidade de fazer o trabalho. Ele

O que se exige diariamente do líder

é capaz de liderar, ensinar e avaliar o progresso da pessoa que está sendo equipada.

Para ver como estão suas habilidades de discernimento, observe a seguinte tabela com as características de um potencial líder adaptadas do modelo do escritor e consultor em liderança, Bobb Biehl:[1]

> **A equipagem deve ser adaptada a cada líder potencial.**

FATORES DE DESEMPENHO	EXCEDE EM MUITO AS EXIGÊNCIAS DO TRABALHO	EXCEDE AS EXIGÊNCIAS DO TRABALHO	CUMPRE AS EXIGÊNCIAS DO TRABALHO	PRECISA DE CERTO APERFEIÇOAMENTO	NÃO CUMPRE AS EXIGÊNCIAS MÍNIMAS
Qualidade	Transpõe obstáculos altos com um único salto.	Precisa pegar o impulso correndo para transpor obstáculos altos.	Só consegue transpor um obstáculo pequeno ou médio sem pináculos.	Choca-se contra os obstáculos ao tentar transpô-los.	Não consegue reconhecer um obstáculo, que dirá transpô-lo!
Pontualidade	É mais rápido do que uma bala.	É tão rápido quanto uma bala.	Não é tão rápido quanto uma bala.	Você acreditaria em uma bala que atinge o alvo lentamente?	Machuca-se com a bala ao tentar atirar com a arma.
Iniciativa	É mais forte do que uma locomotiva.	É mais forte do que um elefante.	É mais forte do que um touro.	Atira no touro.	Tem cheiro de touro.
Adaptabilidade	Caminha sobre as águas regularmente.	Caminha sobre as águas em situações de emergência.	Lava-se nas águas.	Bebe a água.	Rejeita água em casos de emergência.
Comunicação	Conversa com Deus.	Conversa com os anjos.	Conversa consigo mesmo.	Discute consigo mesmo.	Perde as discussões.

Capítulo cinco

Questões referentes à equipagem

A equipagem eficiente começa com perguntas. Pedimos aos potenciais líderes que determinem a direção que nossos esforços para equipá-los devem tomar. Se não fizermos isso, é possível que ensinemos às pessoas erradas as coisas erradas pelo objetivo errado. Começo o processo fazendo uma análise da organização, de mim mesmo e dos potenciais líderes. Para obter as informações de que preciso, faço três séries de perguntas:

PERGUNTAS SOBRE A ORGANIZAÇÃO

Essas perguntas determinam o tipo de equipagem que precisa ser feito e a direção que deve tomar para melhor servir à organização:

O QUE VISA A DECLARAÇÃO DE PROPÓSITOS? O desenvolvimento de líderes em uma organização deve começar com uma revisão do objetivo da organização. (Presumidamente, o objetivo de sua organização já está no papel. Se não estiver, escreva-o. Ou peça a alguém que tenha autoridade para providenciar-lhe uma declaração de propósitos.) Nem pense em iniciar um processo de equipagem ou fazer treinamentos que não contribuam para o cumprimento do objetivo da organização.

QUAL É A PRIMEIRA NECESSIDADE DA ORGANIZAÇÃO? Se você sabe o que a organização mais precisa para cumprir seu objetivo, então você sabe qual é sua primeira necessidade de equipagem. Defina essa necessidade da maneira mais específica possível.

JÁ EXISTE UM PROGRAMA DE TREINAMENTO PARA SUPRIR ESSA NECESSIDADE? Se não houver, você já sabe por onde começar. Se houver, use as ideias deste capítulo para aperfeiçoá-lo.

QUAIS SÃO AS ÁREAS DA ORGANIZAÇÃO QUE TÊM O MAIOR POTENCIAL DE CRESCIMENTO? Ao treinar e equipar-se para estar preparado para o crescimento, você desenvolve seus pontos fortes. Você está sendo proativo, em vez de reativo. Você está se colocando na posição de encarar o futuro totalmente preparado.

ESSAS ÁREAS COM POTENCIAL DE CRESCIMENTO TÊM OS LÍDERES NECESSÁRIOS PARA O CUMPRIMENTO DA TAREFA? Sem líderes preparados para dar andamento às coisas, a área com potencial de crescimento jamais passará do "potencial" para a realidade. Se ainda não há líderes, é preciso que eles sejam equipados e desenvolvidos.

PERGUNTAS SOBRE MIM MESMO

As perguntas referentes à organização indicam a direção que a equipagem deve tomar. A próxima série de perguntas deixará claro como a equipagem será feita. Como líder, sou eu quem cria o ambiente para o processo de equipagem.

ESTOU DISPOSTO A SERVIR AOS OUTROS? Para os melhores líderes, oferecer a mão aos potenciais líderes é uma forma de vida. Eles fazem isso diariamente. O desenvolvimento de seu pessoal é mais importante do que o desenvolvimento de sua própria posição. Eles se dispõem a compartilhar o crédito quando as coisas dão certo. Equipagem implica em sacrifício.

TENHO COMPROMISSO COM UMA ORGANIZAÇÃO QUE VISA À EQUIPAGEM? Equipagem requer compromisso. É preciso tempo e esforço da parte da liderança de uma organização. Todos sabem que é mais rápido e mais fácil para um líder que ele mesmo faça uma tarefa do que ensinar outras pessoas a fazê--la. Entretanto, fazer a tarefa por conta própria é uma solução a curto prazo. A estrada mais longa e mais difícil quando se

Capítulo cinco

equipa os outros, no final das contas, compensa, mas exige compromisso de todos da organização.

Será que sou eficiente nas áreas que preciso equipar? Esta é uma pergunta difícil que exige uma resposta sincera. Se a resposta for "não", o líder deve encontrar uma pessoa, de dentro ou de fora da organização, eficiente nessas áreas, que possa realizar parte do treinamento. Ou faz isso, ou é melhor que ele saia e se prepare.

Já criei uma possível lista de potenciais líderes? Como mencionei no capítulo três, um bom líder sempre está à procura de potenciais líderes. Você sempre começa com as melhores pessoas que estão ao seu alcance. À medida que você as estimula, surge um grupo de pessoas com o mesmo potencial. Desse grupo, faça uma possível lista de líderes potenciais a serem considerados para a equipagem e o desenvolvimento.

Quais foram as suposições que fiz que precisam ser mudadas? As pessoas muitas vezes têm uma falsa primeira impressão de outras pessoas. Muitas vezes os líderes baseiam suas expectativas com relação às pessoas que desenvolverão em suposições decorrentes dessas falsas primeiras impressões. Quando você tem consciência de que fez algumas suposições, pode ir além do superficial e passar para um novo nível nos relacionamentos com seus potenciais líderes. Isso lhe permite compreender melhor onde eles estão, o que eles precisam e o que você pode oferecer a eles.

Perguntas sobre o líder potencial

Uma vez que você identificou as necessidades de equipagem da organização, examinou a si mesmo e criou uma possível lista, você está pronto para escolher as pessoas a serem equipadas. A meta agora é estreitar o campo de possíveis líderes a algumas pessoas com maior potencial. Faça para você mesmo as seguintes perguntas com relação a cada uma dessas pessoas para descobrir quais são as que têm maior potencial:

ESSA PESSOA É COMPATÍVEL, EM TERMOS DE FILOSOFIA, COM A ORGANIZAÇÃO E COM A MINHA LIDERANÇA? Se a resposta for negativa, nem considere a possibilidade de equipar ou mentorear essa pessoa. É preciso haver compatibilidade, em primeiro lugar; do contrário, nenhum treinamento transformará essa pessoa no tipo de líder que você deseja e de que precisa.

ESSA PESSOA MOSTRA UM POTENCIAL PARA CRESCER? O potencial para o crescimento não é garantia de crescimento, mas, sem ele, certamente não haverá crescimento. Se a pessoa não parece ter o desejo e a habilidade para crescer, procure outro candidato.

AINDA RESTAM PERGUNTAS COM RELAÇÃO A ESSA PESSOA? A hora para ter a resposta às perguntas que ainda restam é antes de a pessoa ser selecionada para a equipagem. Reserve um tempo para a entrevista, depois faça um acompanhamento por meio de entrevistas adicionais para que a pessoa responda a outras perguntas que lhe ocorrerem mais tarde. É possível que você queira que alguém que você respeita em sua organização também faça uma entrevista. Essa pessoa às vezes verá coisas que você deixou escapar. Se você responder positivamente a 95% de suas perguntas com relação a essa pessoa, então é provável que a pessoa seja um bom candidato. A única exceção é o caráter. Se ainda lhe restarem dúvidas com relação ao caráter dessa pessoa, não a escolha para ser desenvolvida.

SERÁ QUE ESTOU ESCOLHENDO ESSA PESSOA POR CAUSA DE SEUS PONTOS FORTES ÓBVIOS OU PORQUE NÃO VEJO NENHUM PONTO FRACO EM EVIDÊNCIA? Quando você olhar para um potencial líder e não vir nenhum ponto forte notável, não o escolha para ser equipado e desenvolvido — mesmo que não veja maiores pontos fracos. Por mais tentadora que possa ser a escolha dessa pessoa, não faça isso. Por quê? Porque se você o fizer, estará buscando a mediocridade.

Peter Drucker, especialista em administração, em *The Effective Executive*, explica que Abraham Lincoln cometeu um erro logo no início de seu exercício da presidência ao selecionar seus generais. Ele foi atrás de homens sem pontos fracos em evidência. Consequentemente, o exército bem equipado dos Estados Unidos se deu mal contra os confederados. Lincoln certa vez observou, irritado, que se o general McClellen não fazia planos de usar o Exército, ele gostaria de tomá-lo emprestado por um tempo.

O exército dos confederados contava com generais que, apesar de terem pontos fracos visíveis, foram selecionados por causa de seus notáveis e evidentes pontos fortes. Esses pontos fortes, devidamente desenvolvidos e aplicados, renderam-lhes vitória após vitória. Lincoln, por fim, aprendeu a lição e escolheu como líder do exército norte-americano Ulysses Grant, um extraordinário general, mas também um alcoólatra. Ao procurar por líderes potenciais, escolha pessoas com pontos fortes evidentes, mesmo que você veja os pontos fracos.

Qual é o perfil do líder potencial? Há dois tipos de "perfil" que devem ser considerados. Primeiro, os talentos e as capacidades de uma pessoa devem corresponder ao trabalho que ela realizará. Considere esses talentos e capacidades como temperamento, conhecimento, experiência profissional, habilidades, personalidade e entusiasmo. As pessoas precisam ser treinadas e desenvolvidas principalmente nas áreas em que estão seus pontos fortes. E grande parte do trabalho que são

O que se exige diariamente do líder

solicitadas a fazer deve concentrar-se nessas áreas. Frequentemente falo sobre o princípio 80/20, e ele se aplica aqui também. Uma pessoa deve passar 80% de seu tempo fazendo coisas que exigem seus maiores talentos e habilidades. Isso irá ajudá-la a se sentir realizada.

> Uma pessoa deve passar 80% de seu tempo fazendo coisas que exigem seus maiores talentos e habilidades.

O segundo perfil tem a ver com o grau de adaptabilidade dessa pessoa à equipe. Independentemente de sua importância, se ela não puder trabalhar com a equipe, não ajudará a organização. O acréscimo de um novo membro sempre muda a química da equipe.

Isto é óbvio nos esportes: uma boa equipe é formada por jogadores com diferentes talentos jogando em diferentes posições para atingir uma meta. (Dá para imaginar um time inteiro de basquete formado por pivôs com 2,10 metros de altura que são especialistas em bloquear jogadas — sem armadores, sem alas — só pivôs? Que desastre!)

As equipes fora do mundo dos esportes também precisam ser criadas estrategicamente. Precisam ter a química certa. Quando cada jogador traz seu estilo e seus talentos específicos para a equipe, e eles se reúnem com respeito e apreço uns pelos outros, isso pode criar uma equipe forte e maravilhosa.

Se você ainda não parou para responder a essas perguntas, quero incentivá-lo a fazer isso neste instante. Escreva suas respostas. Se tiver sua própria empresa, você não pode passar mais um segundo sem preparar-se para o futuro de sua organização. Mesmo que não seja o diretor-executivo da organização, você ainda pode aplicar esses princípios. Faça isso já!

Capítulo cinco

Como equipar pessoas
para que tenham excelência

Agora que já sabe quais são as pessoas que equipará e para que as equipará, você está pronto para começar. Os passos que seguem irão fazê-lo passar por todo o processo. Começam com um relacionamento que você criará com seus potenciais líderes. Desde o começo, você poderá criar um programa para desenvolver esses líderes, supervisionar o progresso deles, capacitá-los para que façam o trabalho e, por fim, fazer com que eles passem adiante esse legado.

DESENVOLVA UM RELACIONAMENTO PESSOAL COM AS PESSOAS QUE VOCÊ EQUIPA

Todos os bons relacionamentos de mentorização começam com um relacionamento pessoal. À medida que as pessoas de sua equipe começarem a conhecê-lo e gostarem de você, o desejo delas de seguir suas orientações e aprender com você aumentará. Se não gostarem de você, não terão vontade de aprender com você, e o processo de equipagem se torna lento ou até mesmo cessa.

> Todos os bons relacionamentos de mentorização começam com um relacionamento pessoal.

Para desenvolver relacionamentos, você deve começar ouvindo a história de vida das pessoas, a jornada delas até então. Seu verdadeiro interesse por elas significará muito para elas. Além disso, irá ajudá-lo a conhecer os pontos fortes e fracos dessas pessoas. Faça-lhes perguntas sobre seus objetivos e o que as motiva. Descubra que tipo de temperamento elas têm. Você certamente não quer equipar e desenvolver uma pessoa, cujo maior amor esteja em números e relatórios financeiros, para que ela assuma uma posição em que estaria consumindo 80% de seu tempo lidando com clientes contrariados.

Uma das melhores maneiras de conhecer as pessoas é observá-las fora do ambiente de trabalho. As pessoas normalmente são cautelosas no trabalho. Tentam ser aquilo que os outros querem que sejam. Ao conhecê-las em outros ambientes, você poderá saber quem elas realmente são. Tente descobrir o máximo possível a respeito dessas pessoas e faça o melhor para conquistar o coração delas. Se você ganhar primeiro o coração delas, elas terão prazer em dar-lhe as mãos.

COMPARTILHE SEU SONHO

Enquanto estiver conhecendo as pessoas de sua equipe, compartilhe seu sonho. Isso irá ajudá-las a conhecer você e saber que direção você está tomando. Não há nenhum outro gesto que melhor exporá seu coração e sua motivação a essas pessoas.

Woodrow Wilson certa vez disse:

> Crescemos por causa dos sonhos. Todos os indivíduos notáveis são sonhadores. Eles veem as coisas em meio à leve neblina de um dia de primavera, ou em meio à vermelhidão de uma longa noite de inverno. Alguns de nós deixam esses grandes sonhos morrerem, mas outros os alimentam e os protegem; eles os alimentam durante os dias ruins até poderem expô-los ao brilho do sol e à luz, que sempre vêm para aqueles que sinceramente esperam que seus sonhos se tornem realidade.

Sempre me perguntei: será que é a pessoa quem cria o sonho, ou é o sonho que faz a pessoa? Cheguei à conclusão de que ambas as alternativas são igualmente verdadeiras.

Todos os bons líderes têm um sonho. Todos os grandes líderes compartilham seu sonho com aqueles que podem ajudá-los a torná-lo uma realidade. Como sugere Florence Littauer, devemos:

Ter a ousadia de sonhar: Ter o desejo de fazer algo maior do que você mesmo.

Preparar o sonho: Cumpra a sua parte; esteja pronto para quando a oportunidade chegar.

Investir no sonho: Torne-o realidade.

Compartilhar o sonho: Faça com que os outros façam parte do sonho, e ele será ainda maior do que você imaginava.

PEÇA COMPROMISSO

Em seu livro *O Gerente Minuto*, Ken Blanchard diz: "Há uma diferença entre interesse e compromisso. Quando está interessado em fazer alguma coisa, você a faz só quando ela for conveniente. Quando está comprometido a fazer alguma coisa, você não aceita desculpas." Não equipe pessoas que estejam meramente interessadas. Equipe as que estejam comprometidas.

O compromisso é a única qualidade, acima de todas as outras, que permite a um potencial líder tornar-se um líder de sucesso. Sem compromisso, é impossível haver sucesso. O técnico de futebol americano Lou Holtz reconheceu a diferença entre estar meramente envolvido e estar verdadeiramente comprometido. Ele enfatizou: "O camicase que estava apto para voar em cinquenta missões estava envolvido — mas nunca comprometido."

Para saber se as pessoas de sua equipe estão comprometidas, você deve, primeiro, certificar-se de que elas sabem qual é o preço a ser pago para que se tornem líderes. Isso significa que você deve ter certeza de que não subestimou o trabalho — que informou a elas o que é necessário. Só então elas saberão com o que estão comprometidas. Se elas não se comprometerem, não avance no processo de equipagem. Não perca seu tempo.

DEFINA METAS PARA O CRESCIMENTO

As pessoas precisam ter objetivos claros diante delas se quiserem realizar algo de valor. O sucesso nunca vem de imediato. Vem depois que se tomam vários passos pequenos. Uma série de metas torna-se um mapa que um líder potencial pode seguir para crescer. Como afirma Shad Helmsetter em *You Can Excel in Times of Change*: "É a meta que desenvolve o plano; é o plano que define a ação; é a ação que leva ao resultado; e é o resultado que traz o sucesso. E tudo começa com a simples palavra *meta*." Nós, como líderes em equipagem, devemos apresentar ao nosso pessoal a prática de definir e alcançar metas.

Lily Tomlin uma vez disse: "Sempre quis ser alguém, mas devia ter sido mais específica." Muitas pessoas hoje se encontram na mesma situação. Têm uma vaga ideia do que seja o sucesso, e sabem que querem alcançá-lo. Entretanto, não elaboraram nenhum tipo de plano para alcançá-lo. Descobri que os maiores empreendedores na vida são pessoas que definem metas para si mesmas e, em seguida, esforçam-se muito para alcançá-las. O que elas *conseguem* ao atingir as metas não é tão importante quanto o que elas *se tornam* ao alcançá-las.

Quando estiver ajudando seu pessoal a definir metas, utilize as seguintes diretrizes:

FAÇA COM QUE AS METAS SEJAM APROPRIADAS. Sempre tenha em mente o trabalho que você quer que as pessoas façam e o resultado desejado: desenvolver as pessoas que estão à sua volta para que se tornem líderes eficientes. Identifique metas que contribuirão para esse objetivo maior.

FAÇA COM QUE AS METAS SEJAM ATINGÍVEIS. Nada fará com que as pessoas desistam mais rápido do que estarem diante de metas inatingíveis. Gosto do comentário feito por Ian Mac-Gregor, ex-presidente do conselho da AMAX Corporation: "Trabalho usando o mesmo princípio que usam os treinadores de cavalos. Você começa com barreiras pequenas, metas facilmente atingíveis, e progride a partir daí. É importante, na administração, nunca pedir às pessoas que tentem atingir metas que elas não podem aceitar."

FAÇA COM QUE AS METAS SEJAM MENSURÁVEIS. Seus líderes potenciais jamais saberão quando atingiram suas metas se elas não forem mensuráveis. No caso de elas serem mensuráveis, saber que foram atingidas dará a eles uma sensação de realização. Isso também fará com que se sintam à vontade para substituir as metas antigas por novas.

SEJA CLARO AO DEFINIR AS METAS. Quando as metas não têm um foco nítido, o mesmo acontece com as ações das pessoas que estão tentando alcançá-las.

FAÇA COM QUE AS METAS EXIJAM UM "CERTO ESFORÇO". Como mencionei anteriormente, as metas precisam ser atingíveis. Por outro lado, quando as metas não requerem certo esforço, as pessoas que buscam alcançá-las não crescem. O líder deve conhecer suficientemente bem as pessoas de sua equipe para identificar metas atingíveis que exijam um esforço.

Ponha as metas no papel. Pôr as metas no papel faz com que as pessoas sejam mais responsáveis por essas metas. Um estudo realizado com uma turma de formandos da Universidade de Yale mostrou que a pequena porcentagem de formandos que haviam colocado suas metas no papel realizou mais do que todos os outros formandos juntos. Pôr metas no papel é algo que dá certo.

> O líder deve conhecer suficientemente bem as pessoas de sua equipe para identificar metas atingíveis que exijam um esforço.

É também importante incentivar seus potenciais líderes a rever suas metas e seu progresso com frequência. Ben Franklin reservava um tempo todos os dias para rever duas perguntas. Pela manhã, ele se perguntava: "O que devo fazer de bom hoje?" No final da tarde, ele se perguntava: "O que fiz de bom hoje?"

APRESENTE OS PRINCÍPIOS FUNDAMENTAIS

Para que as pessoas sejam produtivas e estejam satisfeitas profissionalmente, elas precisam saber quais são suas principais responsabilidades. Parece tão simples, mas Peter Drucker diz que um dos principais problemas no local de trabalho hoje é que há falta de compreensão entre patrão e funcionário quanto ao que o funcionário deve fazer. Muitas vezes faz-se com que os funcionários sintam que são vagamente responsáveis por tudo. Isso os estagna. Precisamos, em vez disso, deixar-lhes claro aquilo pelo que *são* e *não são* responsáveis. Assim, eles poderão concentrar seus esforços naquilo que desejam, e terão sucesso.

Observe novamente como funciona uma equipe de basquete. Cada um dos cinco jogadores tem uma função específica. Há um armador finalizador, o *shooting guard*, cuja função é marcar pontos. Outro armador é o *point guard*. Sua função é passar a bola para os jogadores que podem pontuar. O jogador de quem se espera a pegada dos rebotes é o ala de força. A função do arremessador de longa distância é marcar pontos. O pivô deve pegar os rebotes, bloquear jogadas e marcar pontos. Cada pessoa na equipe sabe qual é sua função, qual deve ser sua contribuição exclusiva para a equipe. Quando cada um se concentra em suas responsabilidades específicas, a equipe tem a chance de vencer.

Uma das melhores formas de tornar claras as expectativas é oferecer às pessoas de sua equipe as descrições de cargo. Na descrição, identifique de quatro a seis funções que você deseja que a pessoa desempenhe. Evite longas listas de responsabilidades. Se a descrição do cargo não puder ser resumida, é provável que ele seja muito amplo. Além disso, tente deixar claro a autoridade que a pessoa tem, os parâmetros de trabalho para cada função que ela deverá desempenhar e qual é a ordem hierárquica dentro da organização.

Outra coisa importante que deve ser comunicada aos novos líderes é como eles devem priorizar tarefas. Digo às pessoas que tudo o que elas fazem ou é uma prioridade "A" ou "B". O conceito irá ajudá-las a compreender o que é mais importante.

As prioridades do tipo "A" são aquelas que movimentam a organização, o departamento ou o serviço. Elas inovam, abrem portas para novas oportunidades ou desenvolvem novos mercados. Estimulam o crescimento entre o pessoal ou dentro da organização. As prioridades "B" têm a ver com manutenção. São necessárias para que as coisas continuem a correr sem contratempos, como responder a cartas ou ligações e cuidar de detalhes. São coisas que não podem ser negligenciadas, mas que não aumentam o valor da organização. Descobri que as pessoas muitas vezes dão o que têm de melhor às prioridades "B" porque essas prioridades parecem urgentes, e as prioridades "A" ficam com as sobras. Sempre incentivo meu pessoal a dar 80% de seu tempo e energia às prioridades "A" e os 20% restantes ao grupo de prioridades "B".

Por fim, um líder deve dizer aos potenciais líderes que o trabalho deles tem valor para a organização e para cada um dos líderes. Para o funcionário, este é, muitas vezes, o mais importante de todos os princípios fundamentais.

EXECUTE OS CINCO PASSOS DO PROCESSO DE TREINAMENTO DE PESSOAL

Parte do processo de equipagem implica em treinar pessoas para que executem as tarefas específicas das funções que elas desempenham. A abordagem que o líder adota para o treinamento determinará, em grande parte, o sucesso ou fracasso de seu pessoal. Se ele adotar uma abordagem rígida e acadêmica, os potenciais líderes pouco se lembrarão do que foi ensinado.

O melhor tipo de treinamento vale-se do modo como as pessoas aprendem. Pesquisadores dizem que nos lembramos de 10% do que ouvimos, 50% do que vemos, 70% do que dizemos, e 90% do que ouvimos, vemos, dizemos e fazemos. Sabendo disso, temos de desenvolver uma abordagem para o modo como faremos treinamentos. Descobri que o melhor método de treinamento consiste em um processo de cinco passos:

1.º PASSO: SOU O MODELO. O processo começa comigo desempenhando as tarefas enquanto as pessoas que estão sendo treinadas observam. Quando faço isso, tento dar-lhes a oportunidade de me verem passar por todo o processo. Quase sempre, quando os líderes treinam, eles começam no meio da tarefa e confundem o pessoal a quem estão tentando ensinar. Ao ver a tarefa sendo executada correta e completamente, isso dá às pessoas algo que elas tentam imitar.

2.º PASSO: SOU O MENTOR. Durante este próximo passo, continuo a desempenhar a tarefa, mas, desta vez, as pessoas que estou treinando ficam ao meu lado e me auxiliam no processo. Além disso, reservo um tempo para explicar não apenas o modo, mas também o porquê de cada passo.

3.º PASSO: MONITORO. Trocamos de lugar desta vez. O recruta desempenha a tarefa, e eu o auxilio e corrijo. É, sobretudo, importante durante esta fase ser positivo e incentivá-lo. Isso faz com que ele continue a tentar e a querer melhorar, em vez de desistir. Trabalhe ao seu lado até que ele desenvolva consistência. Tão logo ele tenha passado pelo processo, peça-lhe para explicá-lo para você. Isso irá ajudá-lo a entender e a lembrar-se do processo.

4.º PASSO: MOTIVO. Eu me retiro da tarefa neste momento e deixo o recruta seguir em frente. Minha tarefa é certificar-me de que ele sabe desempenhar o trabalho, sem contar com ajuda, e continuar a incentivá-lo, para que ele continue a melhorar. É importante que eu fique com ele até que ele sinta o sucesso. Isso motiva bastante. Nesse momento, é provável que o recruta queira aperfeiçoar o processo. Incentive-o a fazê-lo e, ao mesmo tempo, aprenda com ele.

5.º PASSO: MULTIPLICO. Esta é minha parte favorita de todo o processo. Uma vez que os novos líderes desempenham bem a

O que se exige diariamente do líder

tarefa, cabe a eles, por sua vez, ensinar aos outros como realizá-la. Como sabem os professores, a melhor forma de aprender algo é por meio do ensino. E o bom é que isso me libera para fazer outras importantes tarefas de desenvolvimento ao mesmo tempo em que outros continuam o treinamento.

DÊ OS "TRÊS PRINCIPAIS INGREDIENTES"

Todo o treinamento do mundo terá um sucesso limitado se você não liberar as pessoas de sua equipe para fazer o trabalho. Acredito que se eu selecionar as melhores pessoas, passar-lhes minha visão, treiná-las nos princípios básicos e, então, deixá-las avançar, terei um grande retorno da parte delas. Como certa vez observou o general George S. Patton: "Nunca diga às pessoas como fazer as coisas. Diga-lhes o que fazer e elas o surpreenderão com sua criatividade."

Você não pode liberar as pessoas sem que elas tenham estrutura, mas pode dar-lhes liberdade suficiente para que sejam criativas. Para isso, dê-lhes os três principais ingredientes: *responsabilidade, autoridade* e *responsabilização*.

Para algumas pessoas, a mais fácil dentre as três é a responsabilidade. Todos queremos que as pessoas à nossa volta sejam responsáveis. Sabemos o quanto ela é importante. Como o escritor e editor Michael Korda disse: "O sucesso em qualquer escala maior requer que você aceite responsabilidades (...) Em última análise, a única qualidade que todas as pessoas de sucesso têm (...) é a habilidade de assumir responsabilidades."

O mais difícil para alguns líderes é deixar que as pessoas de sua equipe tenham responsabilidade depois que ela tiver sido dada. Os administradores ineficientes querem controlar cada detalhe do trabalho de seu pessoal. Quando isso acontece, os líderes potenciais que trabalham para eles ficam frustrados e não se desenvolvem. Em vez de desejarem mais responsabilidades, eles ficam indiferentes ou, em geral, evitam responsabilidades. Se você quer que as pessoas de sua equipe tenham responsabilidade, dê realmente isso a elas.

Com a responsabilidade vem a autoridade. Não há progresso a menos que ambas sejam dadas ao mesmo tempo. Winston Churchill, enquanto discursava na Câmara dos Comuns, na Inglaterra, durante a Segunda Guerra Mundial, disse: "Sou servo de vocês. Vocês têm o direito de demitir-me quando bem entenderem. O que vocês não têm o direito de fazer é pedir que eu assuma responsabilidades sem ter o poder de ação." Quando responsabilidade e autoridade caminham juntas, as pessoas sentem-se realmente capacitadas.

Há um aspecto importante da autoridade que precisa ser observado. Quando, em um primeiro momento, delegamos autoridade a novos líderes, estamos, na verdade, *dando a eles permissão* para terem autoridade, e *não a autoridade* propriamente dita. A verdadeira autoridade deve ser adquirida. George Davis, em *Magic Shortcuts to Executive Success*, observa:

> Autoridade não é algo que compramos, com o qual nascemos ou até que nos foi delegado por nossos superiores. É algo que adquirimos — e a adquirimos de nossos subordinados. Nenhum administrador tem qualquer autoridade real sobre seu pessoal até que tenha se mostrado digno de tê-la — aos olhos de seu pessoal, e não aos seus olhos, nem aos olhos de seus superiores.

Devemos dar ao nosso pessoal permissão para desenvolver a autoridade. Esta é a nossa responsabilidade. Eles, por sua vez, devem assumir a responsabilidade por adquiri-la.

Descobri que existem diferentes níveis de autoridade:

POSIÇÃO. O tipo mais básico de autoridade vem da posição de uma pessoa no quadro organizacional. Esse tipo de autoridade não vai além dos parâmetros da descrição do cargo. É aqui que começam todos os novos líderes. Daqui, eles podem ganhar uma autoridade ainda maior ou podem minimizar o pouco de autoridade que lhes foi dado. Depende deles.

COMPETÊNCIA. Este tipo de autoridade está fundamentado nas capacidades profissionais de uma pessoa, na habilidade de realizar um trabalho. Os seguidores dão aos líderes competentes autoridade dentro de sua área de conhecimento.

PERSONALIDADE. Os seguidores também dão autoridade às pessoas com base em suas características pessoais, como personalidade, aparência e carisma. A autoridade baseada na personalidade é um pouco mais ampla do que a autoridade baseada na competência, mas não é de fato mais avançada porque tende a ser superficial.

INTEGRIDADE. A autoridade baseada na integridade vem do íntimo de uma pessoa. Está baseada no caráter. Quando novos líderes ganham autoridade com base em sua integridade, eles passaram para um novo estágio de seu desenvolvimento.

ESPIRITUALIDADE. Em círculos seculares, as pessoas raramente consideram o poder da autoridade com base espiritual. Ela vem das experiências individuais das pessoas com Deus e do poder dele de operar por meio delas. É a forma mais elevada de autoridade.

Os líderes devem ganhar autoridade com cada novo grupo de pessoas. Entretanto, descobri que, tão logo os líderes tenham ganhado autoridade em um nível específico, pouco tempo é necessário para que estabeleçam esse nível de autoridade com outro grupo de pessoas. Quanto mais alto for o nível de autoridade, mais rápido isso acontece.

Uma vez que responsabilidade e autoridade foram dadas às pessoas, elas têm permissão para fazer com que as coisas aconteçam. No entanto, também temos de ter certeza de que estão fazendo as coisas certas acontecerem. É aqui que a responsabilização entra em cena. A verdadeira responsabilidade da parte dos novos líderes inclui a disposição de responsabilizar-se. Se estivermos oferecendo a eles o ambiente certo (como aquele descrito no capítulo dois), as pessoas de nossa equipe não terão medo de assumir a responsabilidade. Elas admitirão erros e irão vê-los como parte do processo de aprendizado.

A parcela de responsabilização do líder implica em reservar tempo para rever o trabalho do novo líder e fazer críticas sinceras e construtivas. É importante que o líder dê apoio, mas também seja honesto. Diz-se que, quando Harry Truman assumiu a presidência com a morte do presidente Franklin D. Roosevelt, Sam Rayburn, presidente da Câmara, deu-lhe um conselho um tanto paternal: "Daqui em diante você terá muitas pessoas à sua volta. Elas tentarão cercá-lo com um muro e impedi-lo de ter qualquer ideia que não seja delas. Elas lhe dirão que grande homem você é, Harry. Mas você e eu sabemos que você não é esse homem." Rayburn estava responsabilizando o presidente Truman.

Dê a eles as ferramentas de que precisam

Dar responsabilidade sem prover recursos é ridículo; é incrivelmente limitador. Abraham Maslow disse: "Se a única ferramenta que você tem é um martelo, você tem a tendência de ver todo problema como um prego." Se quisermos que

O que se exige diariamente do líder

o nosso pessoal seja criativo e versátil, precisamos prover os recursos.

É óbvio que as ferramentas mais básicas fazem parte do equipamento, como copiadoras, computadores e tudo aquilo que simplificar o trabalho de alguém. Devemos ter certeza de que não só providenciamos tudo o que é necessário para que o trabalho seja feito, mas também o equipamento que permitirá que os trabalhos, principalmente as prioridades "B", sejam feitos com maior rapidez e eficiência.

As ferramentas, no entanto, incluem muito mais do que o equipamento. É importante prover ferramentas de desenvolvimento. Reserve tempo para mentorear as pessoas em áreas específicas de necessidade. Esteja disposto a investir dinheiro em coisas como livros, fitas, seminários e conferências profissionais. Há muitas informações úteis por aí, e ideias novas que vêm de fora da organização podem estimular o crescimento. Seja criativo ao prover ferramentas. Isso fará com que seu pessoal continue a crescer e irá equipá-lo para fazer bem o trabalho.

Avalie-os sistematicamente

Acredito que é importante estar sempre perto das pessoas. Gosto de fazer pequenas avaliações o tempo todo. Líderes que só dão retorno durante aquelas avaliações formais que fazemos anualmente estão caçando problemas. As pessoas constantemente precisam do incentivo que advém de dizermos a elas que estão fazendo um bom trabalho. Também precisam ouvir, tão logo seja possível, quando não estão fazendo um bom trabalho. Isso previne muitos problemas dentro da organização e aperfeiçoa o líder.

Capítulo cinco

A frequência com que avalio as pessoas é determinada por uma série de fatores:

A IMPORTÂNCIA DA TAREFA. Quando algo é importante para o sucesso da organização, sempre estou por perto.

AS EXIGÊNCIAS DA TAREFA. Acho que se a tarefa exige muito, a pessoa que a desempenha precisa de incentivo com maior frequência. Ela talvez precise de respostas para dúvidas ou de ajuda para solucionar problemas difíceis. Às vezes, quando a tarefa é realmente difícil, falo para a pessoa fazer uma pausa — uma tarefa exigente pode levar uma pessoa a consumir-me mentalmente.

A TAREFA É UMA NOVIDADE. Alguns líderes não têm problemas em lidar com uma nova tarefa, independentemente do quanto ela seja diferente da tarefa anterior. Outros têm grande dificuldade para adaptar-se. Muitas vezes avalio as pessoas que são menos flexíveis ou criativas.

O FUNCIONÁRIO É NOVO. Minha vontade é dar aos novos líderes toda chance possível de sucesso. Por isso, avalio as pessoas mais novas com maior frequência. Deste modo, posso ajudá-las a prevenir problemas e assegurar que terão uma série de sucessos. Com isso, elas ganham confiança.

A RESPONSABILIDADE DO FUNCIONÁRIO. Quando sei que posso entregar uma tarefa a uma pessoa e que essa tarefa sempre será feita, posso não avaliar essa pessoa até que a tarefa esteja concluída. Com pessoas menos responsáveis, não posso agir dessa forma.

Minha abordagem para avaliação de pessoas também varia de pessoa para pessoa. Por exemplo, recrutas e veteranos devem ser tratados de maneira diferente. Mas, independentemente do tempo que as pessoas estejam comigo, há algumas coisas que são de praxe:

O que se exige diariamente do líder

DISCUTIR SENTIMENTOS. Sempre dou às pessoas que trabalham comigo a oportunidade de dizer como se sentem. Também lhes digo como estou me sentindo. Isso deixa o ar leve e possibilita que nos concentremos nos negócios.

AVALIAR O PROGRESSO. Ao mesmo tempo, tentamos determinar o progresso das pessoas. Muitas vezes faço perguntas para descobrir o que preciso saber. Se as pessoas estão encontrando obstáculos, retiro aqueles que estão ao meu alcance.

DAR RETORNO. Esta é uma parte importante do processo. Sempre lhes ofereço algum tipo de avaliação. Sou sincero e cumpro a minha parte para certificar-me de que estou sendo preciso. Faço críticas construtivas. Isso permite que os funcionários saibam como estão se saindo no trabalho, corrige problemas, os incentiva para que se aperfeiçoem e acelera o trabalho.

DAR INCENTIVO. Esteja a pessoa fazendo um trabalho bom ou ruim, sempre dou incentivo. Incentivo os funcionários ineficientes a fazer um trabalho melhor. Incentivo os melhores funcionários. Elogio eventos importantes. Tento dar esperança e incentivo quando as pessoas estão passando por problemas pessoais. O incentivo é o que faz as pessoas seguirem em frente.

Embora nem sempre seja assim, às vezes me deparo com alguém cujo progresso é constantemente fraco. Quando isso acontece, tento ver o que há de errado. Normalmente um desempenho ruim é resultado de uma destas três coisas: (1) incompatibilidade entre o trabalho e a pessoa; (2) treinamento ou liderança inadequados ou (3) deficiências na pessoa que desempenha o trabalho. Antes de tomar uma atitude, sempre tento identificar quais são os problemas. Organizo meus dados para ter certeza de que realmente há uma deficiência no desempenho e não só uma falha de percepção de minha parte. Em seguida, defino, do modo mais preciso possível, qual é a deficiência. Por fim, converso com a pessoa cujo desempenho é fraco para ouvir o outro lado da história.

Uma vez cumprido meu dever, tento identificar onde está a deficiência. Se for incompatibilidade, explico o problema para a pessoa, transfiro-a para um cargo que lhe seja adequado e, mais uma vez, dou garantia de que confio nela. Se o problema envolve questões de treinamento ou liderança, dou apoio e refaço todos os passos que não foram executados adequadamente. Mais uma vez, deixo que a pessoa tome conhecimento do problema e lhe dou muito incentivo. Se o problema for com a própria pessoa, sento-me com ela e a deixo a par da situação. Deixo claro onde estão suas falhas e o que ela deve fazer para superá-las. Então, dou-lhe outra chance. Mas também inicio o processo de documentação, caso tenha de demiti-la. Quero que ela tenha sucesso, mas posso demiti-la sem demora, caso ela não faça o que é necessário para melhorar.

FAÇA REUNIÕES PERIÓDICAS PARA EQUIPAR O PESSOAL

Mesmo depois que você já tiver concluído grande parte do treinamento de seu pessoal e estiver se preparando para levá-lo à próxima fase de crescimento — o desenvolvimento —, continue a fazer reuniões periódicas para equipá-lo. Isso ajuda seus funcionários a fazer o que é de praxe, a continuar no processo de crescimento, e os incentiva a começar a assumir a responsabilidade por equipar a si mesmos.

Ao preparar uma reunião de equipagem, incluo o seguinte:

BOAS NOTÍCIAS. Sempre inicio a reunião com uma boa notícia. Revejo as coisas boas que estão acontecendo na organi-

O que se exige diariamente do líder

zação e dou atenção especial às áreas de interesse e responsabilidade dos funcionários.

VISÃO. É possível que as pessoas fiquem tão presas em suas responsabilidades diárias que chegam a perder a visão que orienta a organização. Aproveite a oportunidade de uma reunião para equipá-las para tornar a apresentar essa visão. Isso também irá dar-lhes o contexto adequado para o treinamento que você estiver para oferecer.

CONTEÚDO. O conteúdo dependerá da necessidade das pessoas. Tente focar o treinamento em aspectos que as ajudarão nas áreas de prioridades "A" e volte o treinamento para as pessoas, não para a lição.

ADMINISTRAÇÃO. Discuta qualquer item organizacional que dê às pessoas uma sensação de segurança e incentive a liderança delas.

CAPACITAÇÃO. Reserve tempo para ter contato com as pessoas que você equipa. Incentive cada uma delas. E mostre-lhes como a sessão de equipagem as capacita no sentido de executar melhor suas tarefas. Elas sairão da reunião com uma sensação positiva e prontas para o trabalho.

Todo o processo de equipagem consome muito tempo e atenção. Exige mais tempo e dedicação do líder que está equipando do que um simples treinamento. Entretanto, seu foco não é em curto, mas em longo prazo. Em vez de criar seguidores ou mesmo acrescentar novos líderes, esse processo multiplica líderes. Como expliquei na seção sobre os cinco passos do processo de equipagem, ele não estará completo até que o equipador e o novo líder escolham alguém para ser treinado pelo novo líder. Só então é que o processo de equipagem completa seu ciclo. Sem um sucessor, é impossível haver sucesso.

Os líderes que equipam os outros têm a maior possibilidade de sucesso, independentemente do tipo de organização em que estão. Quando um líder se dedica ao processo de equipagem, todo o nível de desempenho dentro da organização aumenta consideravelmente. Todos ficam mais bem preparados para realizar o trabalho. O mais importante é que as pessoas mais bem equipadas estarão prontas para o último estágio de crescimento que gera os melhores líderes — o desenvolvimento. Como disse Fred A. Manske Jr.: "O maior líder está disposto a treinar pessoas e a desenvolvê-las a ponto de, por fim, elas o excederem em conhecimento e capacidade." O próximo capítulo irá mostrar-lhe como dar esse passo.

CAPÍTULO SEIS

O compromisso que o líder tem por toda a vida:

Desenvolver potenciais líderes

◆

Se você já fez todas as coisas que discuti até aqui — criou um ambiente agradável, estimulou seu pessoal e equipou as melhores pessoas à sua volta —, seus feitos já superaram os da maioria dos gerentes na força de trabalho hoje. Você pode se considerar um líder acima da média. Entretanto, se você não for adiante, nunca se tornará um *grande* líder. Independentemente do quanto você trabalhe ou de sua esperteza para trabalhar, você nunca se tornará um dos melhores dos melhores. Por quê? Porque os melhores líderes, aqueles que constituem 1% dos melhores, conduzem as pessoas de sua equipe para o passo seguinte e as desenvolvem para que elas possam atingir seu potencial. O crescimento e o desenvolvimento das pessoas é o maior objetivo da liderança.

> O crescimento e o desenvolvimento das pessoas é o maior objetivo da liderança.

Você provavelmente está se perguntando por que a maioria dos líderes não chega a este último estágio. Porque é difícil. Certa vez ouvi a história de um pregador que abandonou o ministério, depois de vinte anos, para ser diretor de uma funerária. Quando lhe perguntaram o porquê de tal mudança, ele respondeu: "Bem, passei três anos tentando endireitar Fred, e ele ainda é um alcoólatra. E passei seis meses tentando endireitar o casamento de Susan, e ela pediu o divórcio. Então, passei mais de dois anos e meio tentando dar um jeito no problema de drogas de Bob, e ele continua sendo um viciado. Agora, na casa funerária, quando eu os endireito — eles continuam endireitados."

Os seres humanos com vida e fôlego exigem constante atenção. E o desenvolvimento é uma tarefa exigente. É preciso mais atenção e compromisso do que o estímulo ou a equipagem. Para ver as claras diferenças entre estímulo, equipagem e desenvolvimento, observe a seguinte tabela:

Estímulo	Equipagem	Desenvolvimento
Cuidado	Treinamento para o trabalho	Treinamento para o crescimento pessoal
O foco está na necessidade	O foco está na tarefa	O foco está na pessoa
Relacional	Transacional	Transformacional
Serviço	Gerenciamento	Liderança
Mantém os líderes	Acrescenta líderes	Multiplica os líderes
Edificante	Liberador	Capacitador
Ajuda	Ensina	Mentoreia

O compromisso que o líder tem por toda a vida

Orientado à necessidade	Orientado à habilidade	Orientado ao caráter
O que eles querem	O que a organização precisa	O que eles precisam
Um desejo	Uma ciência	Uma arte
Pouco ou nenhum crescimento	Crescimento em curto prazo	Crescimento em longo prazo
Todos	Muitos	Poucos

Observe as qualidades associadas ao desenvolvimento de líderes. Estão baseadas no que os potenciais líderes precisam, ou seja, em seu crescimento. O processo tem por objetivo desenvolvê-los, trazer à tona suas melhores qualidades, desenvolver seu caráter e ajudá-los a descobrir e alcançar seu potencial.

Uma vez que o desenvolvimento de líderes exige tempo, atenção e compromisso, o desenvolvedor só pode trabalhar com poucas pessoas de cada vez, como mostra a última coluna da tabela. Estimule todas as pessoas que trabalham com você, e equipe muitas delas. Contudo, desenvolva somente algumas — as poucas que estão preparadas e dispostas.

Há outra diferença importante entre equipar e desenvolver pessoas. Equipar é, na essência, um processo gradual. Você pode fazer as pessoas passarem por etapas específicas para equipá-las. Esta é a *ciência* da equipagem. Desenvolver líderes é mais como uma *arte*. Não é uma série de passos específicos pela qual você faz uma pessoa passar. Pelo contrário, há aspectos que devem ser discutidos ao longo de todo o processo.

Aqui estão as doze ações que um líder deve tomar para transformar potenciais líderes no máximo que eles podem ser.

Capítulo seis

Faça as três perguntas da motivação

Todo crescimento começa com motivação. Você, como desenvolvedor, deve descobrir a motivação de seus potenciais líderes e aproveitá-la. Comece fazendo as seguintes perguntas:

O QUE ELES QUEREM?

Todos querem algo. Até a pessoa que parece não estar motivada tem desejos. Você precisa descobrir o que as pessoas querem. Às vezes elas dizem. Outras, você precisa usar seu discernimento. Uma vez que você já desenvolveu um relacionamento, utilize as informações que obteve durante sua interação pessoal com elas. Não importa de que forma, mas você precisa descobrir o que elas querem, pois assim saberá o que irá motivá-las a se desenvolver.

ELAS TÊM UM JEITO DE CONSEGUIR AQUILO QUE QUEREM?

Sempre que querem algo, mas não veem como consegui-lo, as pessoas não se sentem motivadas. Uma de suas tarefas como líder é ver como seus potenciais líderes podem realizar aquilo que desejam e mostrar-lhes um modo de consegui-lo. Uma vez que você já percorreu a estrada da realização, é provável que veja o caminho com maior clareza e possa ajudar a apontar a direção. Às vezes você até tem o poder de abrir um caminho para que elas realizem aquilo que desejam em um nível pessoal.

ELAS SERÃO GRATIFICADAS SE TIVEREM SUCESSO?

Às vezes até as pessoas que têm objetivos e veem um modo de alcançá-los perdem a motivação. Por quê? Porque não acreditam que as gratificações serão maiores do que o trabalho exigido para alcançar esses objetivos. Como líder dessas pessoas, você pode dizer, a partir de sua própria experiência, que as gratificações compensam o esforço. Você também está na posição de mostrar-lhes como seus objetivos e desejos pessoais coincidem com os da organização. Quando ambas as partes têm os mesmos objetivos, as gratificações multiplicam-se.

Por exemplo, se o objetivo de uma pessoa é ser um grande representante de vendas, esse objetivo também beneficia a organização, e a organização irá recompensá-lo (na comissão ou no salário). Consequentemente, se essa pessoa alcançar esse objetivo, ela receberá os benefícios pessoais e as gratificações financeiras da organização. As gratificações multiplicam-se.

Faça essas perguntas para descobrir a motivação das pessoas de sua equipe e, em seguida, aproveite essa motivação para ajudá-las a se desenvolver.

Seja um bom ouvinte

Bons líderes são bons ouvintes. Ouvir as pessoas de sua equipe contribui para seu sucesso e para o desenvolvimento delas. Ao ouvir as ideias e opiniões delas, principalmente antes de você tomar decisões, você lhes dá uma chance de colaborar mais. Toda vez que você usa as ideias delas e lhes dá crédito, elas se sentem valorizadas, e são incentivadas a continuar a contribuir.

> Bons líderes são bons ouvintes.

Essa é uma das melhores formas de fazer com que comecem a pensar de modo criativo. Elas também desenvolvem o julgamento e começam a entender as razões por que você usa algumas das ideias delas e opta por não usar outras. Aprendem a ver as coisas com maior clareza e mais em termos da situação como um todo.

O aspecto importante deste processo é que você realmente procura o conselho delas e então ouve suas opiniões de maneira ativa e positiva. Se você simplesmente agir de maneira mecânica, as pessoas de sua equipe saberão. De igual modo, nunca critique uma pessoa que dá sugestões, mesmo que ela não seja boa. As pessoas que se sentem depreciadas logo param de dar sugestões, e você pode perder a oportunidade de contar com uma próxima ideia brilhante delas porque desmotivou sua contribuição. Tente adotar esta atitude: toda ideia é boa até que você tenha escolhido a melhor.

> **Toda ideia é boa até que você tenha escolhido a melhor.**

Desenvolva um plano de crescimento pessoal

Uma das coisas de que mais gosto é de dar conferências pelo país. Sobretudo, adoro as cinco ou seis conferências sobre liderança promovidas a cada ano por nossa organização, a INJOY. Uma das coisas mais importantes sobre as quais falo nessas conferências tem a ver com crescimento pessoal. Muitas vezes convido alguém da plateia, que já criou um plano pessoal de crescimento, para procurar-me no intervalo para falarmos sobre o plano. Você sabia que, ao longo de todos esses anos em que venho fazendo isso, ninguém me procurou? Por quê? Porque ninguém criou um plano de crescimento pessoal.

As pessoas pensam que crescimento pessoal é uma consequência natural da vida. Bem, não é. O crescimento não é automático; não é, necessariamente, fruto da experiência, nem simplesmente resultado de informações colhidas. O crescimento pessoal deve ser deliberado, planejado e consistente.

Uma das melhores coisas que você pode fazer pelas pessoas que desenvolve, além de ser exemplo de seu próprio crescimento pessoal, é ajudá-las a desenvolver seu plano pessoal de crescimento. Gostaria de enfatizar que o crescimento requer um *plano*. Como diz meu amigo Zig Ziglar: "Você nasceu para ser um vencedor, mas, para isso, precisa ter um plano para vencer e preparar-se para vencer." O crescimento é a mesma coisa. Você precisa criar um plano e segui-lo.

Dediquei a maior parte de minha vida ao meu próprio desenvolvimento pessoal e à criação de materiais para o desenvolvimento pessoal de outras pessoas. Tenho produzido fitas sobre desenvolvimento pessoal todos os meses ao longo dos últimos nove anos e as tenho enviado a pessoas de todas as partes do país por meio do INJOY, pois meu maior desejo é ajudá-las a atingir seu potencial. Esta é a razão por que faço conferências sobre liderança. Deixe-me esboçar para você um plano de crescimento que ofereço às pessoas nessas conferências. Ajude seu pessoal a adaptar esse planos às suas necessidades. E utilize-o você mesmo, se ainda não estiver utilizando outro plano que funcione para você.

Medidas práticas para o crescimento pessoal

RESERVE TEMPO DIARIAMENTE PARA O CRESCIMENTO

Há dois conceitos importantes nesta etapa. Primeiro, o tempo dedicado ao crescimento precisa ser *planejado*. Desviar do assunto é uma das coisas mais fáceis de fazer. O tempo de crescimento que não é estrategicamente planejado para o dia logo desaparece, pois a nossa vida é cheia de atividades. As pessoas precisam encontrar um tempo que funcione para elas e marcá-lo em sua agenda. Em seguida, precisam reservar esse tempo como fazem com qualquer outro compromisso. Segundo, esse tempo deve ser reservado diariamente — por não menos do que cinco dias por semana. Educadores informam que as pessoas aprendem com maior eficiência em sessões regulares menores do que em longas sessões pouco infrequentes. Uma disciplina diária traz benefícios.

Segunda:	Uma hora com Deus.
Terça:	Uma hora ouvindo uma fita sobre liderança.
Quarta:	Mais uma hora com a mesma fita (incluindo o tempo para arquivar observações importantes e refletir no que foi aprendido).
Quinta:	Uma hora lendo um livro sobre liderança.
Sexta:	Mais uma hora com o mesmo livro (incluindo o tempo para arquivar observações importantes e refletir no que foi aprendido).

Além do plano diário, também recomendo que se examinem materiais durante aqueles momentos que outras pessoas normalmente consideram tempo perdido. Por exemplo, sempre que viajo, levo comigo livros e revistas que talvez não sejam tão sólidos quanto minha leitura diária, mas que tenham um bom conteúdo. Se estiver esperando em um aeroporto ou viajando de avião, estou também revendo o material e recortando artigos e citações úteis.

O compromisso que o líder tem por toda a vida

ARQUIVE LOGO O QUE VOCÊ APRENDE

Toda boa informação que uma pessoa encontra precisa ser processada e arquivada. Tenho usado esse sistema há mais de trinta anos. Quando encontro bons artigos e citações, eu os corto e os arquivo. Fazer isso tem duas vantagens. Primeiro, sempre que preciso de materiais para uma palestra ou seminário, tenho um arquivo de trinta anos com fontes que foram coletadas. Segundo, toda vez que reduzo um artigo à sua frase ou parágrafo mais relevante, processei todas as informações, as compreendi, as resumi e as aprendi.

APLIQUE LOGO O QUE VOCÊ APRENDE

O simples conhecimento de alguma coisa não fará com que ela faça parte de você. Para isso, você precisa aplicá-la. Toda vez que você aprende algo novo, é bom perguntar para si mesmo: "Onde, quando e como posso usar isto?" Prefiro ir além de simplesmente fazer uma conexão mental com as coisas que aprendo, por isso uso este sistema:

- Seleciono algo que aprendi a cada semana.
- Escrevo-o em uma ficha. (Eu o coloco bem à minha frente por uma semana.)
- Compartilho-o com minha esposa.
- Compartilho-o com outra pessoa dentro de 24 horas.
- Ensino-o a outra pessoa. (Eu o transformo em uma lição.)

CRESÇA COM ALGUÉM

Tenho inúmeras pessoas à minha volta que compartilham coisas comigo e com quem eu deliberadamente compartilho coisas. Quando você compartilha o que está aprendendo com outras pessoas, isso aumenta sua percepção, desenvolve seu relacionamento com elas, dá a vocês uma visão comum e faz com que vocês se responsabilizem uns pelos outros. Isso também cria um diálogo proveitoso.

FAÇA O PLANO DE SEU CRESCIMENTO E SIGA-O POR UM ANO

O plano de cinco dias esboçado anteriormente foi desenvolvido para ser seguido por um ano. Usando esse plano, você poderá facilmente ler doze livros e ouvir 52 fitas por ano. Ao final de um ano, você terá inúmeros recursos aos quais recorrer e terá crescido muito. Se você quer ser um especialista em um assunto, de acordo com Earl Nightengale, passe uma hora por dia, durante cinco anos, concentrando-se nesse assunto.

> O crescimento pessoal é como investir. Não é o tempo que você escolhe para fazer isso. É o seu tempo investido no crescimento.

Resta ainda uma coisa que tenho de dizer sobre desenvolver um plano de crescimento das pessoas que trabalham com você: comece-o hoje! Talvez as pessoas digam que estão velhas demais para começar agora, que estão ocupadas demais para começar agora ou que o momento não é oportuno. O crescimento pessoal é como investir. Não é o tempo que você escolhe para fazer isso. É o seu tempo investido no crescimento. Comece agora.

Continue a crescer

Vivemos em uma sociedade competitiva cujo foco é o sucesso. Os jogadores de beisebol vivem para o dia em que chegam às grandes ligas. O empresário sobe a escada empresarial com a

O compromisso que o líder tem por toda a vida

esperança de, algum dia, ser o diretor-executivo ou presidente do conselho da empresa. Alguns ramos de atividade que usam técnicas de marketing em rede propõem a ideia de que, se uma pessoa constrói uma organização suficientemente grande, ela pode se acomodar e deixar que outros façam o trabalho. O indivíduo terá vencido; terá "chegado lá". Mas a ideia de "chegar lá" é uma ilusão. Nossa sociedade está repleta de pessoas que chegam a algum lugar e acabam por constatar que estão tão descontentes quanto estavam antes do sucesso. A questão da jornada não tem a ver com "chegar lá". A questão é o que você aprende e em quem se torna ao longo do caminho. Ter objetivos é positivo. Pensar que nossa jornada chegou ao fim tão logo tenhamos atingido alguns deles é um perigo que todos enfrentamos.

John Wooden, um dos técnicos de basquete de maior sucesso de todos os tempos, concentrou-se no processo de crescimento. Em *Six Timeless Marketing Blunders*, William L. Shanklin fala sobre a abordagem de Wooden para o treino. Shanklin conta que, enquanto Wooden era treinador na Universidade da Califórnia, ele não enfatizava a vitória. Enfatizava o preparo, o trabalho em equipe, a disposição de mudar e o desejo de cada pessoa de atingir seu potencial máximo. Seu foco estava no processo, não no resultado final.

A mesma coisa acontece na indústria. Ouvi o seguinte de um especialista em controle de qualidade: "No controle de qualidade, não estamos preocupados com o produto. Estamos preocupados com o processo. Se o processo estiver correto, o produto estará garantido." O mesmo acontece quando o assunto é crescimento pessoal.

Como desenvolvedores de líderes, devemos fazer com que as pessoas de nossa equipe continuem a crescer. Devemos ser exemplos de crescimento para elas, incentivá-las e recompensá--las. Devemos mostrar-lhes como continuar a crescer ao longo do caminho. Elas devem ser como árvores que crescem durante toda a vida. Não existe esse negócio de uma árvore madura. O dia em que uma árvore deixa de crescer é o dia em que ela morre.

Use o processo de adaptação em quatro estágios

As pessoas levam muito tempo para adotar novas ideias e adaptar-se a novas situações. Em geral, elas precisam passar por quatro estágios antes de assimilar novos conceitos. Descobri que normalmente aceitam as coisas na seguinte ordem:

PELA VISÃO

A maioria das pessoas assimila as coisas pela visão. Elas normalmente precisam ver algo novo para compreendê-lo.

PELA EMOÇÃO

Depois de verem algo novo, elas respondem de forma emocional. Dê-lhes tempo para processar suas emoções antes de seguirem para a próxima fase.

PELA EXPERIÊNCIA

Uma vez que tenham compreendido algo e o tenham aceitado emocionalmente, as pessoas estão prontas para fazer uma tentativa. A experiência permite que cheguem à última fase.

POR CONVICÇÃO

Depois de as pessoas verem alguma coisa nova, a aceitarem emocionalmente e a experimentarem de forma positiva, ela realmente passa a fazer parte de seu modo de pensar, de seu sistema de crenças.

Se você já está ciente dessas fases, poderá desenvolver as pessoas sem muitos obstáculos.

Siga o cronograma de ideias

Mesmo que você esteja ajudando as pessoas a criar um plano de crescimento pessoal e as incentivando a fazer o máximo possível para crescerem sozinhas, você também precisará ensiná-las. O ideal é compartilhar com elas aquilo que você estiver aprendendo em seu próprio desenvolvimento. Ainda faço isso com as pessoas de minha organização. O melhor método que encontrei está representado no acrônimo IDER:

I nstrução

D emonstração

E xposição

R esponsabilidade

Primeiro instruo meu pessoal dentro de um contexto relacionado à vida. Qualquer ideia ou teoria que não possa ser aplicada à vida real não é aproveitável. Além disso, se ela não puder ser aplicada à vida real, não poderei demonstrá-la, o que caracteriza o próximo passo. Ao viver e demonstrar de fato qualquer ideia antes de apresentá-la aos outros, posso testá-la, estou em melhores condições de aprendê-la e mais qualificado para ensiná-la. A seguir, exponho as pessoas à verdadeira experiência. Uma vez que a ouviram e a viram, elas estão prontas para experimentá-la por si mesmas. Por fim, certifico-me de que há uma responsabilidade por parte delas, cobrada por mim ou por elas mesmas. Se você não estipula algum tipo de responsabilização, as pessoas podem pensar que as ideias são maravilhosas, mas podem se esquecer de usá-las. E quando as pessoas são responsáveis por usá-las, as ideias tornam-se parte delas.

Dê-lhes diversas experiências

As pessoas resistem à mudança. Se lhes for dada a chance de fazer algo cômodo e fácil que já tenham feito antes diante da chance de fazer algo difícil e novo, a maioria das pessoas tomará o caminho seguro e fácil. Como líderes, não podemos deixar que o nosso pessoal seja acomodado.

Experiências variadas contribuem consideravelmente para o desenvolvimento das pessoas. Fazem com que elas continuem a crescer, a expandir-se e a aprender. Quanto mais ampla for a base de experiência das pessoas, melhores elas serão para lidar com novos desafios, solucionar problemas e superar situações difíceis. Em minha organização, temos uma regra há três anos. Nossos líderes devem mudar um número considerável de suas principais obrigações e responsabilidades a cada três anos. Isso os força a adquirir novas habilidades. Dá aos líderes mais novos a oportunidade de desenvolvimento ao fazê-los passar para novas áreas de responsabilidade. Permite que os líderes mais antigos lidem com novos desafios. E aumenta a criatividade de todos.

Muitas vezes somos tentados a deixar as pessoas de sucesso onde elas estão — mantê-las nas mesmas funções. Contudo, devemos ter em mente que estamos indo além da simples função de fazer com que o trabalho seja bem realizado. Estamos formando líderes, e para isso é preciso esforço extra e tempo. Angus J. MacQueen conta uma história sobre James Garfield que ilustra essa questão. Segundo ele, antes de tornar-se presidente dos Estados Unidos, Garfield era reitor da Faculdade de Hiram, em Ohio. Quando um pai perguntou se o currículo do curso não poderia ser simplificado para que seu filho pudesse concluir os estudos mais rápido, Garfield respondeu: "Certamente. Entretanto, tudo depende do que você quer fazer com seu filho. Quando Deus quer criar um carvalho, ele leva cem anos. Quando ele quer fazer uma abóbora, precisa de apenas dois meses." Dê aos seus líderes raízes profundas e largas, fazendo com que eles cresçam lentamente e diversificando suas experiências.

Empenhe-se para chegar à excelência

Vince Lombardi, um grande líder e um dos melhores técnicos do futebol profissional, certa vez disse: "A qualidade de vida de uma pessoa tem relação direta com seu compromisso com a excelência, a despeito de sua área de atuação escolhida." Lombardi reconhecia a importância de se empenhar para chegar à excelência. E ele pôde instilar esse desejo nas pessoas que treinou.

Ao esforçar-se para chegar à excelência, você estimula seu pessoal a buscar a perfeição. Quando a meta de um líder é a aceitabilidade, e não a excelência, até as melhores pessoas da organização produzem o que é meramente aceitável. É possível que o restante nem produza o mínimo. Quando a excelência é o padrão, os melhores atingem a marca, e os outros, no mínimo, a borda.

Outra vantagem de se concentrar na excelência é que ela mostra o caráter de seu pessoal. O sucesso de qualquer organização não excederá o caráter de seus líderes. Excelência gera caráter, e caráter gera excelência. Exija excelência das pessoas de sua equipe, e elas serão aquelas que também exigirão excelência de si mesmas e das pessoas que lideram.

Implemente a lei do efeito

O psicólogo educacional E. L. Thorndyke estudou a mudança comportamental por volta da virada do século. Isso permitiu-lhe descobrir o que ele chamou de a Lei do Efeito. Como o nome já diz, é o seguinte: "Os comportamentos imediatamente recompensados aumentam em frequência; os comportamentos imediatamente punidos diminuem em frequência."

> Excelência gera caráter, e caráter gera excelência.

Devemos perguntar para nós mesmos o que está sendo recompensado em nossa organização. Será que recompensamos o crescimento e o desenvolvimento pessoal? Em caso positivo, as pessoas de nossa organização estarão crescendo.

Há muitos anos desenvolvi uma lista de comportamentos e qualidades que espero das pessoas de minha organização, e resolvi recompensar esses comportamentos. Chamei o programa de RISE:

R ecompensas

I ndicadores

S uporte (equipe)

E xpectativas

Em outras palavras, decidi dar recompensas aos membros da equipe para mostrar que eles estavam cumprindo ou indo além das expectativas. As qualidades que mais valorizo e recompenso são atitude positiva, lealdade, crescimento pessoal, reprodução da liderança e criatividade. Observe que o crescimento pessoal está na lista. Gostaria de incentivá-lo a ver o que você valoriza e se propõe a recompensar em seu pessoal, e a colocar o crescimento pessoal em sua lista. Você descobrirá que, uma vez que você estabeleceu um sistema de recompensas positivo para atingir as metas certas, as pessoas serão seus melhores gerentes e se desenvolverão como líderes.

Importe-se o bastante para confrontar

Para recompensar alguém por um comportamento positivo é preciso esforço, mas isso é muito fácil de ser feito. Confrontar o comportamento negativo é mais difícil. Muitas pessoas evitam a confrontação. Algumas temem ser odiadas e rejeitadas. Outras têm medo de que a confrontação piore as coisas, gerando raiva e ressentimento na pessoa que foi confrontada. Mas quando o comportamento de uma pessoa é inapropriado, *evitar a confrontação sempre piora a situação.*

Primeiro, a organização sofre porque a pessoa não está agindo em prol dos melhores interesses da organização. Segundo, você sofre porque as deficiências da pessoa reduzem sua eficiência. E, por fim, quando uma pessoa está agindo de maneira imprópria e não é comunicada, você a priva de uma importante oportunidade de aprender e crescer em seu processo de desenvolvimento. Toda vez que evita uma confrontação, o líder deve se perguntar se está se segurando para seu próprio bem ou para o bem da organização. Se for para seu próprio bem, ele estará agindo por razões egoístas.

A confrontação, em sua melhor forma, é uma situação de sucesso para ambas as partes. Nos Estados Unidos, fomos condicionados a acreditar que o conflito sempre cria um vencedor e um perdedor. Mas isso não tem de ser uma verdade. Para criar uma situação de sucesso para as duas partes, temos de abordar a confrontação com a atitude certa. Pense na confrontação como uma chance de ajudar e desenvolver seu pessoal. E nunca confronte com raiva ou porque tem um desejo de mostrar poder. Faça-o com respeito e pensando no melhor para a outra pessoa. Aqui estão dez diretrizes que utilizo para certificar-me de que estou fazendo exatamente isso:

CONFRONTE O MAIS RÁPIDO POSSÍVEL

Quanto mais espero, menores são minhas chances de fazer aquilo que deve ser feito. Outra vantagem quando confronto de imediato é que provavelmente não terei de discutir os detalhes com a pessoa.

SEPARE A PESSOA DO QUE ELA FEZ DE ERRADO

Devo voltar-me para a ação e confrontá-la, e não para a pessoa. Tenho de continuar a apoiar e a incentivar a pessoa.

CONFRONTE SÓ O QUE A PESSOA PODE MUDAR

Se peço para a pessoa mudar algo que não pode, ela ficará frustrada e isso prejudicará o nosso relacionamento.

Dê à pessoa o benefício da dúvida

Sempre tento partir da suposição de que as razões da pessoa estão certas, e trabalho a partir daí. Se puder dar a ela o benefício da dúvida, eu dou — principalmente em áreas que estão abertas à interpretação ou que não estão claras.

Seja específico

A pessoa que está sendo confrontada só pode discutir e mudar aquilo que estiver especificamente identificado. Se você não puder identificar os detalhes específicos, talvez esteja fazendo algumas suposições falsas.

Evite sarcasmo

O sarcasmo indica raiva da pessoa, e não de suas ações. Quando confronto, evito o sarcasmo.

Evite palavras como *sempre* e *nunca*

Quando digo a uma pessoa para nunca mais ter um certo comportamento, estou pedindo a ela que se atenha cegamente a uma regra, mesmo em situações em que esta não é a melhor coisa a ser feita. Melhor seria incentivá-la a usar a cabeça e tomar o curso certo de ação em qualquer situação com base nos princípios certos.

Diga à pessoa como você se sente com relação ao que foi feito errado

Se as ações da pessoa me ofenderam, digo isso a ela na mesma hora. Não quero, mais tarde, rever a matéria passada para dar vazão a emoções.

Capítulo seis

Dê à pessoa uma estratégia para solucionar o problema

Sempre quero ajudar a pessoa a ter sucesso, e não a fracassar. Se eu puder ajudá-la a solucionar o problema, todos ganham.

Aceite-a como pessoa e amiga

Eu me preparo para uma confrontação da mesma forma que me preparo para comer um sanduíche. Coloco a confrontação no meio como um pedaço de carne. Em ambos os lados, coloco afirmação e incentivo.

> A confrontação positiva é um claro sinal de que você se preocupa com a pessoa.

A confrontação positiva é um claro sinal de que você se preocupa com a pessoa e que pensa no melhor para ela. Toda vez que você desenvolve as pessoas de sua equipe e identifica os problemas delas, você lhes dá a oportunidade de crescer.

Tome as decisões difíceis

No capítulo dois, mostrei que os líderes devem estar dispostos a tomar decisões difíceis para criar um clima que incentive o desenvolvimento. Algumas dessas decisões difíceis têm a ver com abrir mão de funcionários. Entretanto, há também decisões difíceis de ser tomadas durante o processo de desenvolvimento de seus líderes.

As pessoas reagem de modo diferente ao desenvolvimento, e descobri, através de minha experiência pessoal, que cada pessoa que está em processo de crescimento ficará estagnada em um dos seis níveis de desenvolvimento:

1.º NÍVEL. Certo crescimento

Algumas pessoas experimentam muito lentamente o crescimento, e seu crescimento acaba por perder a direção. Essas pessoas aperfeiçoam-se quase que imperceptivelmente. Podem ser competentes, mas jamais sobressairão no trabalho.

2.º NÍVEL. O crescimento que as torna capazes no trabalho

Muitas pessoas, erroneamente, acreditam que simplesmente desempenhar bem sua tarefa é o objetivo final de seu desenvolvimento. Isso não é verdade. Muitas pessoas que não têm um bom desenvolvedor ou um forte desejo de crescer como pessoa estagnam aqui no processo de crescimento.

3.º NÍVEL. O crescimento que as torna capazes de se reproduzir no trabalho

Neste nível de crescimento, as pessoas começam a aumentar seu valor, pois são capazes de treinar outras pessoas em sua área de atuação. Algumas pessoas que são tecnicamente fortes, mas têm habilidades de liderança limitadas, podem fazer isso. Outras, com sólidas habilidades de liderança, podem fazê-lo, a despeito de suas habilidades técnicas limitadas. As pessoas que são fortes em ambas as áreas muitas vezes seguem para o próximo nível.

4.º NÍVEL. O crescimento que as leva para uma tarefa de nível mais alto

O salto do 3.º para o 4.º nível é difícil. Exige que as pessoas estejam dispostas a dedicar-se ao crescimento, tanto pessoal quanto profissional. À medida que são capazes de ampliar suas ideias e experiências, elas se tornam mais capazes e valiosas para sua organização e seus líderes.

5.º NÍVEL. O CRESCIMENTO QUE LHES PERMITE LEVAR OUTROS PARA NÍVEIS MAIS ALTOS

É neste nível que os grandes líderes começam a aparecer. Essas pessoas realmente desenvolvem pessoas, e não mais acrescentam valor a seus líderes e sua organização — elas o *multiplicam*.

6.º NÍVEL. O CRESCIMENTO QUE LHES PERMITE LIDAR COM QUALQUER TAREFA

As pessoas que chegam a esse nível são raras. Se você tiver o privilégio de ajudar pessoas a chegar a esse nível, trate-as com o maior amor e respeito. Essas pessoas são líderes que podem ter sucesso em qualquer lugar. E elas têm talentos e habilidades que transcendem qualquer área ou ramo de atividade específicos. Nesta vida, se Deus abençoar você com uma ou mais dessas pessoas, juntos vocês terão a capacidade de causar um impacto que irá muito além de suas próprias capacidades individuais.

Observe a figura a seguir. Como pode ver, o grupo de pessoas em cada nível é representado por um círculo. Quanto mais alto é o nível, menor é o número de pessoas nele. Você também notará que cada salto sucessivo fica mais difícil à medida que os níveis ficam mais altos. Cada um deles exige mais compromisso, dedicação e tenacidade do que o nível anterior.

A razão por que escrevo sobre decisões difíceis é que você terá de tomar essas decisões com relação a cada pessoa que desenvolver que não conseguir atingir o 6.º nível. Ao desen-

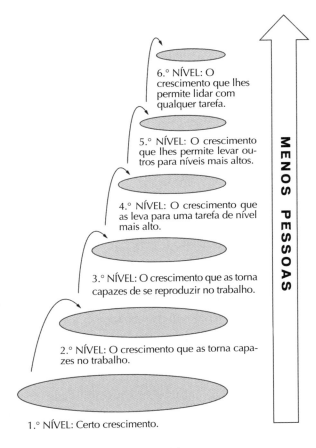

Grupos de pessoas em cada nível de crescimento

volver pessoas, você conhece cada uma delas no nível onde as encontrou, normalmente no 1.°, e, então, você inicia uma jornada. Seu trabalho é andar ao lado dessa pessoa e ajudá-la, desde que ela esteja disposta a continuar e a crescer. É quando essa pessoa deixa de crescer que você tem de fazer algo difícil:

tem de deixá-la para trás. Seu relacionamento com ela pode continuar, mas não sua atitude de desenvolvê-la.

Esta é uma das coisas difíceis quando o assunto é desenvolver pessoas. Damos às pessoas tanto tempo, atenção e carinho, que o fato de deixá-las para trás pode ser como desprender-se de um de nossos filhos. Mas você não pode obrigar uma pessoa a seguir rumo ao nível mais alto. Você tem de tomar a decisão difícil de deixar essa pessoa em seu próprio patamar. É difícil, mas é um preço que vale a pena ser pago quando se está desenvolvendo pessoas.

Você mesmo precisa ter segurança

Para desenvolver bem as pessoas, você precisa ter segurança, pois fazer com que atinjam seu potencial máximo pode significar que elas serão superiores a você. Como mencionei no primeiro capítulo, Andrew Carnegie queria ser lembrado como "aquele que foi sábio o suficiente para trazer para trabalhar consigo homens que sabiam mais do que ele". É preciso estar muito seguro para encarar essa possibilidade, mas, sem essa mentalidade, você talvez esteja competindo com as pessoas de sua equipe, em vez de desenvolvê-las.

Enquanto você se prepara para liderar e desenvolver as pessoas que estão ao seu redor, eu gostaria de que você tivesse em mente algo que Harvey Firestone disse: "Só quando desenvolvemos os outros é que temos o sucesso permanente." Todos os certificados de reconhecimento que recebemos na vida desaparecerão. Os monumentos que construímos desmoronarão. Os troféus se corroerão. Mas o que fazemos pelos outros causará um impacto eterno em nosso mundo.

CAPÍTULO SETE

A maior recompensa do líder:

Formar uma equipe ideal de líderes

◆

QUALQUER PESSOA QUE JÁ TEVE a experiência de participar de uma equipe — desde uma equipe esportiva profissional a uma banda do colégio — sabe que fazer parte de uma equipe de sucesso pode ser uma das experiências mais gratificantes da vida. E, na equipe certa, essa experiência pode ser também uma das mais fortes.

Primeiro, o que vem a ser exatamente uma equipe? Sabemos que é mais do que um simples grupo de pessoas. Se fosse só isso, as pessoas que esperam na fila de um trólebus formariam uma equipe. Mas não é o caso. Preciso acrescentar que, para ser uma equipe, um grupo precisa ter uma *meta comum*, embora isso não seja suficiente. As pessoas lá na fila do trólebus têm o objetivo comum de esperar pelo trólebus que as levará a algum lugar. Mesmo que elas tivessem o mesmo destino, isso ajudaria, mas não seria suficiente para transformá-las em uma equipe. É preciso que haja *cooperação*, mas, mais uma vez, isso não é suficiente. Acrescente *comunicação* — não existe equipe sem comunicação. Entretanto, as equipes também precisam ter compromisso. O compromisso garante que o grupo trabalhará em conjunto, independentemente de todas as circunstâncias adversas que surgirem.

Observemos novamente as pessoas que esperam pelo trólebus para ver como um grupo comum pode agir comparado a uma equipe. É um dia quente e abafado de verão. Entre as pessoas do grupo que espera no ponto do trólebus estão empresários de ternos, mães com crianças pequenas e recém-nascidos em carrinhos, trabalhadores no ramo da construção e moradores de rua. Por fim, um trólebus lotado para no ponto. Quando veem que ele está cheio, todos se agitam. Cada pessoa corre para conseguir um lugar. A mulher com um carrinho de criança faz o possível para conduzir seus quatro filhos através de uma das portas, mas não consegue encontrar espaço suficiente para acomodar toda a sua família. No instante em que ela tenta outra porta, as portas se fecham e o trólebus vai embora. Ela terá de esperar trinta minutos pelo próximo trólebus.

O mesmo trólebus para em outro ponto. À espera está um time de doze jogadores de beisebol do colégio em uma excursão com o técnico. Quando veem o trólebus lotado, eles também se preparam para se mexer. Um jogador grita: "Vou na primeira porta para ver se há lugar." Outro diz: "Vou para a última." O técnico segura a porta do meio aberta porque sabe que o trólebus não pode partir enquanto uma das portas estiver aberta. O jogador que está na última porta grita: "Há lugar aqui atrás", enquanto segura a porta aberta. Outro jogador vai procurar o membro da equipe que está lá na frente. Enquanto

A maior recompensa do líder

eles se juntam no último carro, o técnico faz a contagem para ver se todos subiram no trólebus.

Mesmo considerando a importância que o trabalho em equipe tem, e por mais poderoso que possa parecer para o sucesso de uma organização, o fato é que muitos líderes não ensinam seu pessoal a trabalhar em equipes. Kenneth Blanchard, consultor em administração, observou:

> Visto que trabalho em empresas por todo o país, muitas vezes pergunto às pessoas qual é a porcentagem do seu tempo que elas passam em grupos. Embora os gerentes relatem que 60% a 90% de seu tempo são normalmente gastos em atividades em grupo, eles também dizem que receberam pouco — ou nenhum — treinamento em habilidades necessárias para trabalhar com eficiência em grupos. Conheço algumas empresas que se concentram no treinamento dessa importante habilidade.

Muitos líderes pensam que desenvolver uma equipe e desenvolver o trabalho em equipe só dizem respeito ao esporte. Não percebem que podem desenvolver uma equipe dentro de sua organização. Nem fazem a menor ideia de como discutir a tarefa.

É maravilhoso desenvolver líderes: é algo que dá satisfação e gratificação. Entretanto, desenvolver uma equipe de líderes é incrível. Uma boa equipe é sempre maior do que a soma de suas partes, mas as equipes de líderes aumentam sua eficiência exponencialmente. Com os líderes certos trabalhando juntos em equipe, não há nada que não possa ser feito. Qualquer pessoa que esteja desenvolvendo líderes também pode desenvolvê-los no sentido de uma equipe. É a última tarefa de desenvolvimento que produzirá o maior retorno.

Capítulo sete

As qualidades de uma equipe ideal

Em todos os meus anos como alguém que desenvolve pessoas e forma equipes, descobri que todas as equipes de sucesso compartilham algumas características comuns. Se você, como líder de equipe ou técnico, puder cultivar essas qualidades em seu grupo de líderes, eles formarão uma equipe coesa capaz de transpor grandes obstáculos ou desempenhar qualquer outra tarefa solicitada. Aqui estão essas características:

OS MEMBROS DA EQUIPE CUIDAM UNS DOS OUTROS

Todas as grandes equipes começam com esta qualidade. É o alicerce sobre o qual tudo se desenvolve. Equipes que não se unem não podem se desenvolver. Por quê? Porque jamais serão uma unidade coesa.

Uma das melhores descrições dessa qualidade que já encontrei foi feita por Lou Holtz, técnico de futebol de Notre Dame. Ele disse que certa vez assistiu a um programa de televisão que discutia por que os homens morriam por seu país. No programa, que tratava dos Fuzileiros Navais dos Estados Unidos, da Legião Estrangeira da França e dos Comandos Britânicos, observou-se que os homens morriam por seu país por causa do amor que sentiam por seus companheiros. No programa, foi entrevistado um soldado que havia se ferido em combate e que estava se recuperando em um hospital quando ouviu que sua unidade estava partindo para uma perigosa missão. Ele fugiu do hospital para ir com os outros soldados e acabou ferido novamente. Quando lhe perguntaram por que ele havia feito aquilo, ele disse que depois que você trabalha e vive com pessoas, logo percebe que sua sobrevivência depende do outro.

A maior recompensa do líder

Para que uma equipe tenha sucesso, seus membros precisam saber cuidar uns dos outros. Quando um membro da equipe não se importa com ninguém que não seja ele mesmo, toda a equipe sofre. Pessoas indiferentes em uma equipe fazem-me lembrar de alguns rapazes de uma história que certa vez li: dois náufragos estavam sentados um ao lado do outro em uma das pontas de um barco salva-vidas, sem fazer nada. Enquanto eles observavam, atentos, as pessoas do outro lado tiravam a água do bote freneticamente. Um dos homens então diz para o outro: "Graças a Deus que este buraco não está do nosso lado!"

> Equipes que não se unem não podem se desenvolver.

Descobri que uma das melhores maneiras de fazer com que os membros de uma equipe se preocupem uns com os outros é levá-los para sair juntos, fora do contexto de trabalho, para que formem relacionamentos. Todos os anos, em nossa organização, planejamos retiros e outros eventos que reúnam nosso pessoal em ambientes sociais. E, durante esses momentos, também nos certificamos de que eles passem parte de seu tempo com membros da equipe que não conheçam muito bem. Desta forma, eles não só estão formando relacionamentos, mas estão sendo impedidos de formar "panelinhas".

OS MEMBROS DA EQUIPE SABEM O QUE É IMPORTANTE

Uma das coisas de que mais gosto sobre uma experiência em equipe é o modo como a equipe funciona como unidade. Todas as suas partes têm uma meta e objetivo comuns. Esta qualidade é desenvolvida quando nos certificamos de que cada membro da equipe saiba o que é importante para ela. Essa qualidade, como a anterior, é fundamental para o desenvolvimento da equipe. Sem ela, seus membros não podem de fato trabalhar em conjunto.

Em um esporte como o basquete, os jogadores de uma equipe reconhecem que o importante é marcar pontos. Quando uma equipe é mais eficiente do que a adversária na marcação de pontos, ela vence. Uma vez que sabem disso, os membros da equipe passam o tempo melhorando e aperfeiçoando sua habilidade de marcar pontos. Esse é o foco deles. Em contrapartida, em muitos ambientes organizacionais, os membros de equipe não sabem o que significa "marcar pontos". É provável que tenham uma lista de obrigações, mas não sabem de que modo essas obrigações caminham juntas para que possam marcar pontos. Seria o mesmo que um jogador de basquete que sabe fazer corta-luz, driblar, passar ou lançar uma bola, mas que nunca soube que todas essas habilidades são usadas ao mesmo tempo para fazer cestas. Sem esse conhecimento, toda vez que um jogador que soubesse manejar bem a bola a pegasse, ele poderia driblá-la até bater o sinal. Esse jogador poderia ser o melhor driblador do mundo, e seu jeito de manejar a bola poderia proporcionar uma grande alegria aos espectadores. Mas a equipe não conseguiria marcar pontos toda vez que ele tocasse na bola, e jamais venceria um jogo. Por outro lado, se ele soubesse que driblar era simplesmente uma ferramenta usada por um jogador para que a equipe pudesse marcar pontos, sua atitude, suas ações e sua eficiência mudariam consideravelmente. E o sucesso de toda a equipe seguiria o curso dessas mudanças.

Veja o que acontece se um único jogador de uma equipe de basquete não sabe o que é importante para a equipe: isso o torna ineficiente. E quando ele está no jogo, é impossível que a equipe tenha sucesso. O mesmo acontece em qualquer organização. Qualquer pessoa que não sabe o que é importante para a equipe não só falha em contribuir para ela, mas também, na verdade, *a impede de alcançar o sucesso*. Essa é a razão por que é tão importante que o líder da equipe identifique o que é importante para ela e passe essas informações para os membros de sua equipe.

OS MEMBROS DA EQUIPE COMUNICAM-SE UNS COM OS OUTROS

A terceira qualidade fundamental de uma equipe eficiente é a comunicação. Assim como é fundamental que o líder da equipe comunique o que é importante para ela, cada um dos membros da equipe deve comunicar-se com os outros membros. Sem comunicação, é provável que os jogadores joguem uns contra os outros. Tarefas importantes podem ficar por fazer, e os membros da equipe podem se ver fazendo um trabalho pela segunda vez.

Qualquer pessoa que já jogou basquete está familiarizada com a situação em que dois jogadores sobem para um rebote, brigam um com outro pela bola e acabam descobrindo que fazem parte da mesma equipe. Em equipes em que os jogadores se comunicam uns com os outros, um terceiro jogador grita "Mesma equipe!", para ter certeza de que eles não perderão a bola enquanto tentam afastá-la um do outro. A comunicação na equipe tem a ver com isso: permitir que cada um saiba o que está acontecendo para que os interesses da equipe sejam defendidos.

O mesmo acontece em organizações não esportivas. Linhas claras e formais de comunicação devem ser estabelecidas. No entanto, o que é ainda mais importante é que uma atmosfera de comunicação positiva seja estabelecida e incentivada diariamente. Deve-se fazer com que as pessoas de uma equipe percebam que estão em um ambiente onde é seguro oferecer sugestões ou críticas sem que se sintam ameaçadas, trocar livremente informações com o espírito de cooperação e discutir ideias sem ser criticadas de forma negativa. A comunicação aberta entre os membros da equipe aumenta a produtividade.

OS MEMBROS DA EQUIPE CRESCEM JUNTOS

Uma vez que os membros da equipe cuidam uns dos outros, têm uma meta comum e se comunicam uns com os outros, eles estão prontos para começar a crescer. O crescimento dentro de uma equipe é bastante semelhante ao crescimento em um casamento. É importante e necessário. Sem ele, a equipe e cada um de seus membros não terão progresso. Mas, como no casamento, o crescimento deve incluir experiências compartilhadas e momentos de comunicação para que seus membros permaneçam conectados uns com os outros. Em um casamento, quando o crescimento não é uma constante interação, por fim, a vida das duas pessoas se desenvolve paralelamente, porém em direções muito opostas. Elas deixam de atuar juntas como uma equipe. Se muito tempo se passar, ambas seguem em direções tão diferentes a ponto de cada uma não saber o que a outra está fazendo. No final, elas não mais cuidam uma da outra, seus objetivos são diferentes, e ambas deixam de se comunicar. É provável que essa equipe se dissolva.

Em uma organização, compete ao líder orquestrar o crescimento da equipe. Ele deve se certificar de que as pessoas de sua equipe cresçam tanto pessoal quanto profissionalmente. E deve assegurar que o crescimento de todos seja simultâneo — como uma equipe.

A maior recompensa do líder

Ao promover o crescimento dos membros de minha equipe, assumo diversas abordagens. Primeiro, todos aprendemos juntos com uma frequência regular, pelo menos uma vez por mês. Deste modo, *sei* que há algumas coisas que todos na organização sabem, e eles compartilham a experiência comum de aprender essas coisas em conjunto, independentemente de sua posição ou de suas responsabilidades.

Segundo, formo regularmente pequenas equipes de aprendizes. Periodicamente, tenho grupos de três ou quatro pessoas trabalhando juntas em um projeto que exige que aprendam algo. Isso cria fortes vínculos relacionais entre essas pessoas. A propósito, é bom diversificar os membros dessas equipes para que diferentes pessoas estejam aprendendo a trabalhar em conjunto. Isso também dá a você uma ideia sobre a adequação especial de diferentes grupos à medida que eles trabalham juntos.

Por fim, frequentemente envio pessoas a conferências, oficinas e seminários. Ao retornarem, peço que ensinem aos outros da organização aquilo que aprenderam. Isso faz com que todos criem o hábito de ensinar e aprender uns com os outros. As experiências compartilhadas e a troca de ideias na comunicação são as melhores formas de promover o crescimento em equipe.

HÁ UMA ADEQUAÇÃO NA EQUIPE

À medida que as pessoas que se preocupam umas com as outras crescem juntas e trabalham para atingir uma meta comum, elas passam a se conhecer melhor. Começam a apreciar os pontos fortes umas das outras e a conhecer também os pontos fracos. Começam a reconhecer e a apreciar as qualidades únicas de cada membro da equipe. E isso leva a equipe a desenvolver sua "adequação".

Capítulo sete

O tipo de adequação de uma equipe depende de muitas coisas. Vai além do modo como se reúne um grupo de pessoas com talentos específicos. É provável que todos já tenhamos visto equipes formadas por jogadores talentosos em cada posição que poderiam ter jogado bem em conjunto, mas que não jogaram. A despeito de seus talentos, eles não tiveram a devida adequação.

Uma boa adequação da equipe requer uma atitude de parceria. Todos os seus membros devem respeitar uns aos outros. Devem ter o desejo de contribuir para a equipe e contar com a contribuição de cada um de seus integrantes. Acima de tudo, devem aprender a confiar uns nos outros. É a confiança que lhes permite contar uns com os outros. Ela permite que compensem os pontos fracos de cada um, em vez de tentarem explorá-los. Permite que um membro da equipe diga ao outro: "Vá em frente e faça esta tarefa, porque você é melhor nisso do que eu", sem vergonha ou manipulação. A confiança permite que os membros da equipe comecem a trabalhar como uma unidade, a realizar as coisas que, juntos, eles reconhecem ser importantes. Tão logo os jogadores conheçam e confiem uns nos outros, e desenvolvam uma adequação, a personalidade da equipe começará a ser revelada.

> **Uma boa adequação da equipe requer uma atitude de parceria.**

OS MEMBROS DA EQUIPE COLOCAM O QUE É MELHOR PARA ELA ACIMA DE SEUS DIREITOS INDIVIDUAIS

Tão logo os membros acreditem nas metas de sua equipe e comecem a desenvolver uma verdadeira confiança uns nos outros, eles estarão na posição de mostrar o verdadeiro trabalho em

A maior recompensa do líder

equipe. Sua confiança mútua permitirá que coloquem seus próprios direitos e privilégios abaixo do que for melhor para a equipe.

Observe: mencionei que os membros da equipe estarão na *posição* de mostrar o verdadeiro trabalho em equipe. Isso necessariamente não significa que será assim. Para que haja trabalho em equipe, diversas coisas devem acontecer. Primeiro, eles devem de fato acreditar que o valor do sucesso da equipe é maior do que o valor de seus próprios interesses pessoais. Eles só poderão acreditar nisso se cuidarem uns dos outros e se o líder tiver apresentado, com eficiência, a visão daquilo que é importante. Então, eles reconhecerão que seu sucesso virá com o sucesso da equipe.

Segundo, para que os membros da equipe coloquem o que é melhor para ela acima de seus direitos individuais, o sacrifício pessoal deve ser incentivado e depois recompensado — pelo líder e pelos outros membros da equipe. Quando isso acontecer, as pessoas passarão a identificar-se cada vez mais com a equipe. A esta altura, reconhecerão que o individualismo ganha troféus, mas o trabalho em equipe ganha insígnias.

> O individualismo ganha troféus, mas o trabalho em equipe ganha insígnias.

CADA MEMBRO DA EQUIPE DESEMPENHA UM PAPEL ESPECIAL

À medida que a adequação da equipe se fortalece e cada pessoa se dispõe a colocar a equipe em primeiro lugar, as pessoas começam a reconhecer seus diferentes papéis na equipe. Elas fazem isso porque sabem o que deve ser feito para ter sucesso e conhecem as capacidades de seus colegas de equipe. Com esse conhecimento e certo incentivo do líder, elas, de bom grado,

Capítulo sete

assumem papéis apropriados. Philip Van Auken, em *The Well--Managed Ministry*, reconhece isso como o *Princípio do Nicho*. Ele diz: "As pessoas que ocupam uma posição especial na equipe se sentem especiais e desempenham sua função de uma maneira especial. Os nichos de equipe humanizam o trabalho em equipe."

Em uma situação ideal, o papel de cada pessoa está fundamentado em seus principais pontos fortes. Desta forma, os talentos de cada pessoa podem ser maximizados. No entanto, nem sempre é assim que funciona. Uma vez que o sucesso da equipe é o mais importante, às vezes seus membros precisam ser flexíveis. Por exemplo, qualquer pessoa que acompanha o basquete profissional já ouviu falar de Magic Johnson. Ele jogou pelo Los Angeles Lakers durante a década de 1980, quando o time era um dos melhores. Seu maior talento era sua capacidade de fazer jogadas (sobretudo, assistências) usando incríveis passes à distância. Contudo, Johnson era um jogador que sempre estava disposto a preencher todas as posições de que a equipe precisava. Durante várias temporadas, ele começou os jogos do campeonato da NBA (Associação Nacional de Basquete nos Estados Unidos) como armador, atacante e pivô. Talvez seja o único jogador de basquete profissional que já tenha feito isso.

O importante é que todos os membros da equipe assumam um papel que corresponda a metas e necessidades da organização, bem como a seus talentos e habilidades pessoais. Quando alguma função não é preenchida, toda a equipe sofre. A situação pode ser a mesma de uma história contada pelo consultor em administração, James Lukaszewski, em uma de suas palestras:

> [Certo dia, um fazendeiro], sentado em sua varanda, ficou a observar um caminhão da prefeitura encostando

na beira da autoestrada. Um homem saiu do caminhão, cavou um buraco relativamente grande na valeta e entrou no veículo. Alguns minutos depois, desceu o outro ocupante do caminhão, encheu o buraco, bateu na terra e voltou para o caminhão. Então, ambos seguiram pelo acostamento por cerca de cinquenta metros e repetiram o processo — cavaram, esperaram e fecharam o buraco. Após seis repetições, o fazendeiro foi até eles.

— O que vocês estão fazendo? — perguntou.

— Fazemos parte de um projeto de embelezamento da autoestrada — disse o motorista. — Mas o rapaz que planta as árvores está em casa hoje, doente.

Como líderes de equipes, devemos reconhecer quais são as funções que precisam ser preenchidas pelos membros de nossa equipe para que ela atinja sua meta. E quando virmos uma função que não estiver sendo preenchida, devemos fazer ajustes na equipe para termos certeza de que o trabalho será cumprido.

UMA EQUIPE EFICIENTE TEM BONS RESERVAS

Nos esportes, o banco de reservas talvez seja o recurso menos compreendido da equipe. Muitos jogadores titulares acham que são importantes, enquanto os que ficam no banco não são. Acham que podem "chegar lá" sem essa turma. Outros que passam grande parte de seu tempo no banco não reconhecem sua própria contribuição. Alguns, equivocadamente, acreditam que não têm de se preocupar em se preparar como fazem os titulares, que não têm de estar preparados para o jogo. Mas a verdade é que um bom banco de reservas é indispensável. Sem um bom banco, uma equipe jamais terá sucesso.

Capítulo sete

A primeira coisa que um bom banco oferece é profundidade. Nos esportes, muitas equipes podem ter uma temporada de vitórias. Mas, quando o nível da competição sobe, como em uma final ou em um torneio nacional, a equipe sem profundidade simplesmente não consegue vencer. Se não tiver bons reservas, ela não irá longe. Estou para ver uma equipe campeã que não tenha bons reservas. Na realidade, desenvolver um bom banco constitui grande parte da proposta deste livro: selecionar, equipar e desenvolver pessoas para que façam o possível e concluam o serviço quando necessário.

Contar com um grupo de bons indivíduos capazes de desempenhar diferentes funções dá ao líder da equipe grande flexibilidade em qualquer situação. No basquete, por exemplo, um técnico começará um jogo com um grupo de pessoas quando estiver jogando contra um adversário cujos jogadores são principalmente altos. Ele talvez disponha de uma outra formação quando estiver jogando com um adversário principalmente rápido. Algumas combinações de jogadores serão excelentes na defensiva. Outras podem ser excelentes na execução de um rápido ataque. O grupo de jogadores que ele colocará no jogo muitas vezes depende de quem é o adversário. Os líderes de equipes em outras organizações terão os mesmos tipos de opção quando tiverem uma forte equipe de reservas. Com profundidade, a equipe pode lidar com diversas situações e exigências com graça e eficiência.

Outra qualidade da equipe de reservas é que ela dá o tom do nível de jogo da equipe toda. Isso acontece porque a preparação da equipe depende do banco de reservas. Nos esportes, a equipe treina contra seus próprios jogadores. Se os titulares só treinarem contra jogadores fracos, seu desempenho não melhorará. Mas um bom banco leva-os a fazer o possível o

A maior recompensa do líder

tempo todo para que continuem a crescer. O mesmo acontece em qualquer organização. Se o nível de jogo na organização é alto todos os dias, então o desempenho da equipe será excelente quando realmente for importante.

Por fim, um bom banco é um requisito para uma equipe de sucesso, pois oferece um lugar de descanso para um jogador cansado. Em equipes de sucesso, quando um dos jogadores não consegue mais jogar por conta do cansaço ou de uma contusão, seus colegas de equipe dividem a carga e lhe dão descanso. É possível que esta seja a melhor qualidade do trabalho em equipe — a disposição de um membro de aprimorar seu nível de jogo e ir um pouco além do esperado por seu colega de equipe nos momentos de necessidade. É a maior indicação do desejo de um membro de colocar a equipe e suas metas em primeiro lugar.

OS MEMBROS DA EQUIPE SABEM EXATAMENTE ONDE A EQUIPE SE ENCONTRA

Nos esportes, a habilidade de saber onde a equipe se encontra em todos os momentos durante um jogo separa os grandes jogadores dos jogadores satisfatórios. Esta qualidade, tanto quanto o talento, permite a um jogador deixar um nível de jogo e passar para o próximo nível, como no caso de alguém que passa da equipe universitária para a equipe profissional. Os técnicos usam diversos termos para essa qualidade. Um técnico de futebol, por exemplo, poderia chamá-la de *percepção do jogo*. Um técnico de basquete poderia chamá-la de *percepção de quadra* ou *visão*. É a habilidade de saber quantos segundos restam no relógio, em quantos pontos a equipe está atrás e quais jogadores

> Saber onde a equipe se encontra em todos os momentos separa os grandes jogadores dos jogadores satisfatórios.

são "feras" ou "fiascos" em cada equipe. É uma qualidade que dá notoriedade aos jogadores, e consequentemente, às equipes.

Fora do mundo dos esportes, essa qualidade poderia ser chamada de *senso organizacional*. É a habilidade de saber o que está acontecendo dentro da organização, como a organização está em relação às suas metas, como ela se compara à concorrência, como é o desempenho dos diversos membros e o quanto mais eles podem dar para fazer a equipe chegar aonde precisa. Nem todos os membros da equipe são igualmente talentosos no sentido de ter esse senso. Cabe ao líder manter todos os membros da equipe informados. Ele deve levá-los a analisar o progresso da equipe e ouvir os outros membros para que saibam onde ela se encontra. Se todos os membros são informados sobre a posição que a equipe ocupa, eles estão em melhor condição de saber o que será necessário para o sucesso da equipe.

OS MEMBROS DA EQUIPE ESTÃO DISPOSTOS A PAGAR O PREÇO

Muitas vezes, o sucesso é fruto do sacrifício — disposição para pagar o preço. O mesmo acontece com uma equipe vitoriosa. Cada membro da equipe deve estar disposto a sacrificar tempo e energia para ter prática e preparo. Deve estar disposto a ser responsável. Deve estar disposto a sacrificar seus próprios desejos. Deve estar disposto a abrir mão de parte de si mesmo para o sucesso da equipe.

> O sucesso é fruto do sacrifício – disposição para pagar o preço.

Tudo é fruto do desejo e dedicação de cada um dos membros da equipe. Isso é tão verdadeiro nos negócios quanto nos esportes. É uma verdade até na guerra. Em uma entrevista a David Frost, perguntaram ao general Norman Schwarzkopf, comandante das forças aliadas na Guerra do Golfo: "Qual foi a maior lição que você aprendeu com tudo isto?" Ele respondeu:

> Em minha opinião, há uma verdade militar realmente fundamental, que é a seguinte: você pode avaliar a correlação de forças, você pode observar o número de tanques, você pode observar o número de aviões, você pode observar todos esses fatores do poderio militar e reuni-los. Mas, a menos que o soldado em terra, ou o piloto no ar, tenha a vontade de vencer, tenha a força de caráter para entrar na batalha, acredite que sua causa é justa, e tenha o apoio de seu país (...) todo o resto é irrelevante.

Sem a convicção de cada pessoa de que a causa vale o sacrifício, a batalha jamais será vencida e a equipe não terá sucesso. É preciso que haja compromisso.

Ao formar uma equipe dentro de sua organização, você estará apto para um nível de sucesso que jamais imaginou ser possível. O trabalho em equipe por uma visão que valha a pena torna possível para as pessoas comuns atingirem resultados incomuns. E quando os membros da equipe não são pessoas comuns mas líderes, seus feitos podem multiplicar-se. Tudo de que a equipe precisa é o técnico certo. E tornar-se esse técnico é o tema do próximo capítulo.

CAPÍTULO OITO

A maior alegria do líder:

Liderar uma equipe ideal de líderes

◆

Alguns anos atrás, os jornalistas esportivos não conseguiam falar em outra coisa senão na Equipe Ideal — o *dream team*, a equipe olímpica de basquete dos Estados Unidos, composta por Michael Jordan, Larry Bird, Magic Johnson, Charles Barkley e outros ícones do basquete. Alguns jogadores daquela equipe foram considerados os melhores no mundo do basquete de todos os tempos. Quando o público os via em jogo, a pergunta não era se eles venceriam ou não. A pergunta era: "Quais serão as belas jogadas que verei e qual será a margem de vantagem que levará a equipe à vitória?" Tal era o conjunto de estrelas que formavam a equipe que até os jogadores das equipes adversárias pediam autógrafos.

Todos os técnicos sonham em ter uma equipe deste naipe — jogadores que conheçam o jogo dentro e fora de quadra, que tenham o talento, o desejo e a disciplina de competir e vencer no nível mais alto. A maioria dos líderes sonha com a mesma coisa, porém, grande parte acha que isso jamais acontecerá a eles. E, para muitos, esta é uma verdade — isso não acontecerá. Por quê? Porque eles não sabem o que significa ser um técnico de sucesso.

O banqueiro Walter Wriston, na *Harvard Business Review*, diz: "Aquele que pensa em como aproveitar a genialidade coletiva das pessoas de sua organização vai acabar com a concorrência!" É isso o que faz um grande líder: ele aproveita a genialidade coletiva dos membros de sua equipe. Sabe selecionar, motivar e capacitar seu pessoal.

Em mais de 25 anos como líder, tive o privilégio de liderar algumas equipes maravilhosas. Ao longo desses anos, descobri que para ser o líder de uma equipe ideal, o líder deve desenvolver dez qualidades.

As qualidades do líder de uma equipe ideal

Como disse Charles Frances certa vez: "Você pode comprar o tempo de um homem, pode até comprar a presença física dele em um determinado lugar, mas não pode comprar entusiasmo (...) não pode comprar lealdade (...) não pode comprar a dedicação dos corações, das mentes ou das almas. É preciso conquistar essas qualidades." As dez características seguintes do líder de uma equipe ideal são qualidades que ganharão o respeito e a lealdade de uma equipe e irão motivar e capacitar as pessoas a agir como uma equipe ideal.

1. O LÍDER DE UMA EQUIPE IDEAL ESCOLHE BEM OS MEMBROS DA EQUIPE

Ao longo deste livro, atentei bastante para a identificação e seleção de potenciais líderes. E você já sabe transformar cada pessoa em um membro eficiente. Escolher as pessoas certas é vital. Red Auerbach, há muito presidente do Boston Celtics [time de basquete], disse: "O modo como você seleciona pessoas é mais importante do que o modo como as gerencia uma vez que elas estejam no trabalho. Se você começar com as pessoas certas, não terá problemas no futuro. Se contratar as pessoas erradas, seja qual for a razão, você ficará em uma situação difícil e todas as técnicas revolucionárias de gerenciamento que existem no mundo não ajudarão você." Outro grande líder no esporte, Lou Holtz, colocou a questão da seguinte forma: "Você precisa contar com os melhores atletas para vencer (...) Você não pode vencer sem bons atletas, mas pode perder com eles. É neste sentido que o treinamento faz a diferença." Ambos reconheceram que é preciso começar com as matérias-primas certas para criar uma equipe de sucesso.

Como diz Bobb Biehl, em *Increasing Your Leadership Confidence*, além de uma direção bem definida e uma situação financeira estável, contar com os jogadores certos determina de 60 a 80% do sucesso de qualquer empresa ou organização. Se você quer se dar a chance de vencer, comece escolhendo vencedores.

> Contar com os jogadores certos determina de 60 a 80% do sucesso de qualquer empresa ou organização.

Posso identificar as características de um vencedor para minha organização. Posso dizer se a pessoa tem o potencial para ser um excelente colaborador. Quero que as pessoas que estão próximas a mim:

Conheçam o meu coração: Isso leva tempo para ambas as partes e requer desejo da parte das pessoas.

Sejam leais a mim:	Elas são uma extensão de mim e do meu trabalho.
Sejam dignas de confiança:	Elas não devem abusar da autoridade, do poder nem da confiança.
Sejam perspicazes:	Elas tomam decisões por mim.
Tenham o coração de servo:	Elas dividem uma carga pesada por causa de minhas grandes exigências.
Pensem bem:	Duas cabeças pensando é melhor do que uma.
Concluam seu trabalho:	Elas têm autoridade e cumprem a visão.
Tenham amor a Deus:	Meu amor por Deus é minha força motriz na vida.

Quando uma pessoa exibe essas qualidades, sei que ela tem o potencial para compor minha equipe ideal.

2. O LÍDER DE UMA EQUIPE IDEAL SEMPRE COMUNICA SUA ESTRATÉGIA

Todo bom técnico que já vi trabalha a partir de uma estratégia. Ele tem uma estratégia não só para cada um dos jogos, mas um plano para o desenvolvimento de toda a equipe ao longo das temporadas, a do momento e as do futuro. Uma vez traçada a estratégia, ele então a comunica para sua equipe de maneira quase contínua.

Bear Bryant, o técnico de futebol já falecido da Universidade do Alabama, comunicava com eficiência sua estratégia para seus jogadores. Ele reconhecia que havia coisas específicas que seus jogadores precisavam saber. Cinco pontos explicam o que, em sua opinião, um técnico deveria fazer:

Dizer-lhes o que se espera deles. Isso lhes mostra como devem se adaptar à estratégia para que saibam o que devem tentar fazer.

Dar-lhes uma oportunidade de mostrar desempenho. Isso lhes dá a chance de fazer parte da estratégia, de cumprir a visão.

Deixar que saibam como estão se saindo. Isso os leva a ter a oportunidade de aprender, melhorar e aumentar sua contribuição.

Instruí-los e capacitá-los quando necessário. Isso lhes dá os meios para aprender, melhorar e aumentar sua contribuição.

Recompensá-los de acordo com a contribuição que deram. Isso lhes dá incentivo pelo esforço que fizeram.

O processo deve começar com a estratégia sendo apresentada. Esta é a chave da produtividade. Entretanto, ele deve prosseguir com a troca de informações. Ou, como disse Sydney J. Harris, as informações são passadas quando o processo de comunicação funciona. Quando existe uma comunicação interativa entre o líder da equipe e as pessoas, isso as capacita para que tenham sucesso.

3. O LÍDER DE UMA EQUIPE IDEAL RESERVA TEMPO PARA SE JUNTAR A ELA

Outra parte importante do processo de comunicação são as reuniões. Quando uma equipe se reúne, ela se lembra da estratégia e do modo como essa estratégia deve ser implementada.

Quando os membros da equipe não reservam tempo para se reunir, os resultados podem ser desastrosos — ou até cômicos.

Conta-se a história de um senhor que estava passando por uma rua residencial quando notou a peleja de um homem para passar uma máquina de lavar roupas pela porta de sua casa. Quando ele se ofereceu para ajudar, o dono da casa ficou muito feliz, e os dois, juntos, começaram a pelejar com aquele grande eletrodoméstico. Após alguns minutos de esforço em vão, os dois pararam e simplesmente olharam um para o outro. Ambos estavam quase exaustos. Por fim, quando tomaram fôlego, o homem disse para o dono da casa: "Nunca vamos conseguir colocar essa máquina lá dentro!" A que o dono da casa respondeu: "Lá dentro? Estou tentando colocá-la lá fora!"

Acho que nunca há coisas demais ou urgentes demais a ponto de nos impedir de reservar um tempo para nos reunirmos. Seguem cinco coisas que uma reunião oferece:

Foco. Independentemente da frequência ou eficácia com que um técnico comunica a estratégia, nunca é prejudicial usar o tempo de uma reunião para levar as pessoas a se concentrar novamente no que é importante. No basquete, os técnicos de sucesso pedem tempo para se reunirem com os jogadores, principalmente quando a equipe adversária os está afastando de sua estratégia. Quando se reúnem, eles revisam os princípios fundamentais para que possam voltar à estratégia inicial.

Até na política o foco é importante. Em 1992, seguindo o que os analistas chamaram de "campanha nivelada" de todos os candidatos, Bill Clinton foi eleito presidente. Uma das razões foi que ele pôde cumprir a agenda de sua campanha concentrando-se nas áreas onde os norte-americanos mais queriam mudanças.

Uma oportunidade de ouvir. Quando a equipe se reúne, todos os seus membros e líderes têm a chance de trocar informações. A comunicação deve fluir de ambas as partes. Receber a informação certa ajuda o líder a passar a informação certa. Novas informações também podem levar um líder a fazer ajustes.

Uma oportunidade de fazer mudanças na equipe. Às vezes os ajustes que os líderes precisam fazer são mudanças referentes ao pessoal ou às suas responsabilidades. Muitas vezes a melhor forma de solucionar um problema é deixar que outro membro se encarregue dele. Um bom líder consegue ver isso e se dispõe a fazer uma mudança.

Uma oportunidade de mudar o jogo. Outras vezes, os membros são excelentes. O que precisa ser mudado são as jogadas que estão sendo feitas. Flexibilidade é uma qualidade valiosa em um técnico. Os melhores técnicos são bons em fazer ajustes necessários.

Uma oportunidade de descansar. Às vezes os jogadores precisam de uma oportunidade de parar, dar um tempo e retornar ao grupo. Uma reunião oportuna pode ser útil na revitalização da equipe para que ela possa seguir em frente e ter sucesso.

4. O LÍDER DE UMA EQUIPE IDEAL SABE QUAL É A PREFERÊNCIA DOS MEMBROS DE SUA EQUIPE

Trazer à tona o que há de melhor nos membros da equipe exige que o líder os conheça e saiba o que é importante para eles. A Padgett Thompson, uma organização de treinamento com sede no Kansas, recentemente pediu aos funcionários que classificassem as necessidades de seu local de trabalho em ordem de importância. A empresa publicou as descobertas no

Training and Development Journal. Dentre os muitos itens da lista, as três coisas que os funcionários mais valorizavam foram:

- Apreciação de um trabalho bem realizado.
- A sensação de que eles estavam "por dentro" das coisas.
- Compreensão por parte da gerência de seus problemas pessoais.

A Padgett Thompson então comparou esses resultados com as coisas que os supervisores consideravam ser de valor para os funcionários. Por sua vez, os supervisores haviam classificado esses três itens como oitavo, décimo e nono de sua lista.

A falta de conhecimento dos supervisores com relação aos seus funcionários pode ser responsável por outra estatística de pesquisas apresentada por John D. Hatfield e Richard C. Huseman, em *Managing the Equity Factor.* Ela afirma que 85% dos trabalhadores nos Estados Unidos disseram que poderiam trabalhar com mais afinco no trabalho. Mais da metade afirmou que poderia dobrar sua eficiência "se quisesse".

A verdade é que as pessoas não produzem porque não são motivadas ou apreciadas. Seus líderes não sabem o que elas querem. As pessoas muitas vezes trocam de emprego por razões pessoais, e não por questões profissionais. E seus sentimentos desempenham um grande papel em sua motivação. Bons líderes sabem qual é a preferência de seu pessoal e usam esse conhecimento para atingir as metas da equipe e de cada membro dela.

5. O LÍDER DE UMA EQUIPE IDEAL SE SUPERA NA SOLUÇÃO DE PROBLEMAS

"Um grande líder não trata os problemas como coisas especiais", disse Al Davis, proprietário de sucesso dos Los Angeles

Raiders [time de futebol americano]. "Ele os trata como coisas normais." Os técnicos de sucesso nunca têm como meta a "perfeição". Se assim fosse, fracassariam o tempo todo. Vivemos em um mundo imperfeito onde problemas sempre ocorrem. Certamente, um líder deve esforçar-se para atingir a excelência, mas deve esperar pelos problemas. E, acredite se quiser, ele deve recebê-los com prazer. Os problemas quase sempre criam oportunidades — para aprender, crescer e aperfeiçoar-se.

> Os problemas quase sempre criam oportunidades – para aprender, crescer e aperfeiçoar-se.

Todos os líderes podem solucionar bem os problemas. Para isso, devem fazer quatro coisas: prever os problemas *antes que eles aconteçam*. Manter uma atitude positiva *em meio aos problemas*. Usar todos os seus recursos para solucioná-los o mais rápido possível para que eles *deixem de acontecer*. E, por fim, devem aprender com eles para que os mesmos problemas *não tornem a acontecer*.

Grande parte dos problemas que exigem as habilidades de um líder para solucioná-los se enquadra em uma das três categorias abaixo. Ou eles envolvem o membro da equipe, o preparo ou o jogo:

Questões para solucionar problemas com membros de equipe. Problemas com membros requerem boas habilidades de comunicação, bem como boas habilidades para solução de problemas. Um problema comum ocorre quando os membros da equipe não trabalham em conjunto como uma equipe. (Veja o capítulo sete para obter formas de solucionar esse problema.) Outro problema talvez envolva membros que estejam passando por problemas pessoais que exijam a assistência e a passiva compreensão de um líder. É possível que o problema mais frustrante ocorra quando um membro não estiver atingindo seu potencial. Um bom líder deve trabalhar com esse membro para ajudá-lo a identificar suas metas e, então, motivá-lo para que ele comece a crescer novamente.

Questões para solucionar problemas de preparo. Provavelmente o problema mais comum associado ao preparo seja o fator tédio. Vários princípios básicos que devem ser observados no processo de preparo podem ser fastidiosos. Bons líderes proporcionam um clima que minimiza o tédio e que faz os membros se lembrarem dos resultados positivos que o preparo traz.

> **Bons líderes abordam cada desafio a partir de uma nova perspectiva.**

Relacionado ao problema do tédio está o moral. Quando o moral está baixo, o mesmo acontece com a produção. Bons líderes mantêm positivas as atitudes dos membros de sua equipe.

O último problema é o preparo diversificado para diferentes adversários (ou projetos). Bons líderes abordam cada adversário a partir de uma nova perspectiva e com criatividade. Se cada novo adversário é considerado como único, o mais provável é que a equipe tenha sucesso.

Questões para solucionar problemas de jogo. Como discuti anteriormente, bons técnicos sempre abordam o jogo com uma estratégia, ou seja, uma abordagem proativa. Todavia, uma vez que ocorrem problemas, os bons técnicos também reconhecem que podem precisar tomar decisões reativas — decisões que devem ser tomadas rapidamente e então comunicadas com clareza e de imediato.

Certa vez, li que o general Ulysses S. Grant sempre tinha um soldado bem ignorante ao seu lado. Quando estava para dar uma ordem para um de seus generais, ele primeiro dava a

A maior alegria do líder

ordem para o simples soldado para certificar-se de que ele era capaz de compreendê-la. Deste modo, ele tinha certeza de que tudo o que comunicaria seria claro e compreensível.

Por fim, todos os técnicos reconhecem que suas decisões serão criticadas. Independentemente de como o problema for solucionado, alguém dirá que a decisão foi errada. Um técnico deve aprender a seguir suas convicções, a despeito dos murmúrios da multidão.

Ao se preparar para os problemas, tenha em mente estas palavras de Tom Landry, ex-técnico do Dallas Cowboys [time de futebol americano]. Ele disse: "Um líder de sucesso tem de ser inovador. Se você não estiver um passo à frente da multidão, logo estará um passo atrás de todos." Trate de solucionar os problemas com criatividade. E use todas as pessoas que compõem sua equipe como recursos. Esta é uma das razões por que você se esforçou tanto para selecioná-las e desenvolvê-las.

6. O LÍDER DE UMA EQUIPE IDEAL OFERECE O APOIO NECESSÁRIO PARA O SUCESSO

Cria-se o melhor ambiente de apoio quando os líderes decidem ser facilitadores em vez de ditadores. Quanto mais os jogadores e os outros técnicos estiverem envolvidos, maior sucesso terá a equipe. O controle total do técnico, mesmo que ele seja, de algum modo, capaz de exercê-lo, nunca é tão eficiente quanto o esforço do grupo. Observe a diferença entre a atuação dos ditadores e a dos facilitadores:

DITADORES:

1. Acumulam decisões.
2. Tomam decisões sozinhos ou as restringem a um grupo de elite.

Capítulo oito

3. Veem a verdade e a sabedoria como coisas de seu domínio, uma vez que são líderes.
4. Surpreendem seus funcionários com ordens de cima.
5. Defendem seus próprios interesses.
6. Pensam em si mesmos.

FACILITADORES:

1. Estendem as decisões a todos.
2. Envolvem ao máximo os outros em decisões importantes e dão às pessoas liberdade para tomar essas decisões.
3. Veem a verdade e a sabedoria como coisas que são acessíveis a todos em toda a organização.
4. Deixam para aqueles que são responsáveis decidir como os trabalhos serão feitos.
5. Servem ao interesse de todos ao desenvolverem pessoas.
6. Entregam-se à organização.

Além de proverem uma atmosfera de apoio em que se incentiva a participação de todos, os grandes líderes também dão muita afirmação ao seu pessoal. Não há um membro de equipe neste mundo que não responda a isso.

Outra maneira usada pelos melhores técnicos para dar apoio aos membros de sua equipe é simplificando a vida deles. Você consegue pensar em alguém que reaja positivamente à burocracia? Na minha opinião,

Formulários, Formulários, Formulários + Regras, Regras, Regras = Frustração, Frustração, Frustração.

Se eu puder simplificar, simplifico. Quero dar às pessoas mais criativas e inovadoras de minha equipe um campo aberto para que se sintam livres para correr, e não um cheio de obstáculos a transpor.

Finalmente, uma das melhores formas de prover constante apoio é criando uma tradição de sucesso para a organização. Jogadores profissionais que iniciaram e se destacaram em equipes como Boston Celtics ou Dallas Cowboys muitas vezes falam, com admiração, da tradição de vitórias da equipe. Essa tradição cria uma atmosfera positiva. Cria um dinamismo que não tem preço.

Quando uma equipe tem algumas vitórias em seu histórico, ela cria uma atitude positiva e um dinamismo. Quando ela tem alguns períodos de vitória em seu histórico, ela tem uma tradição. Então, em vez de o técnico ter de sair à procura de vencedores, são os vencedores que saem à procura dele.

7. O LÍDER DE UMA EQUIPE IDEAL IMPÕE RESPEITO AOS JOGADORES

Sem respeito, um técnico jamais conseguirá fazer com que os jogadores façam aquilo que ele pede. Em *Os Sete Hábitos das Pessoas Altamente Eficazes*, Stephen Covey coloca a questão da seguinte forma:

> Se tentar usar táticas e estratégias de influência humana sobre como fazer com que as outras pessoas façam aquilo que quero, trabalhem melhor, sejam mais motivadas, gostem de mim e umas das outras — enquanto meu caráter for, basicamente, falho, marcado pela duplicidade ou pela falta de sinceridade —, no final, não terei sucesso. Minha duplicidade levará à falta de confiança, e tudo o que eu fizer — ainda que usando as assim chamadas boas técnicas de relações humanas — será tido como manipulação.

Simplesmente não faz diferença o grau de eficiência da retórica ou até o quanto são boas as intenções; se há pouca — ou nenhuma — confiança, não há alicerce para o constante sucesso. Só a simples bondade dá vida à técnica.

Respeito deve ser conquistado ao longo do tempo. Não há atalhos. É conquistado por meio da consistente personificação de três atributos:

Confiança. As pessoas nunca respeitam alguém em quem não possam confiar. Nunca. Os melhores técnicos sabem disso e logo trabalham no sentido de deixar que seus jogadores saibam que podem confiar neles. Mike Krzyzewski, técnico de basquete da Universidade de Duke, diz o seguinte: "Se você estabelece uma atmosfera de comunicação e confiança, ela passa a ser uma tradição. Os membros mais velhos da equipe estabelecerão sua credibilidade com os mais novos. Ainda que não gostem totalmente de você, eles ainda dirão: 'Ele é digno de confiança, tem compromisso conosco como equipe.'"

> Respeito deve ser conquistado ao longo do tempo. Não há atalhos.

Uma atitude de cuidado. Em todos esses anos como líder de pessoas, acho que já disse isto mais de mil vezes: "As pessoas não se importam com o quanto você sabe até que saibam o quanto você se importa." Esta é uma verdade. Se os jogadores perceberem que você realmente se preocupa com eles, que pensa no melhor para eles, eles ouvirão e respeitarão você. Como o ex-técnico de futebol da Universidade de Michigan, Bo Schembechler, disse: "No fundo, seus jogadores devem saber que você se preocupa com eles. Esta é a coisa mais importante. Eu jamais poderia dar continuidade ao meu trabalho se os jogadores sentissem que não me importo com eles. Eles sabem, no final, que estou por perto."

A habilidade de tomar decisões difíceis. Os jogadores não podem respeitar um técnico que não seja capaz de tomar as decisões difíceis necessárias para o sucesso da equipe. Quando um técnico está disposto a tomar essas decisões, os jogadores sabem que ele está agindo com o melhor para a equipe em mente. Eles se sentem seguros e, por sua vez, têm mais chances de agir pensando no melhor para a equipe. Tom Landry disse: "Talvez a exigência mais difícil que se faz a um técnico seja avaliar o que é melhor para um indivíduo diante do que é melhor para a equipe. Manter um jogador na escalação só porque gostei dele como pessoa, ou mesmo por causa de suas grandes contribuições para a equipe no passado, quando percebo que há alguém que poderia fazer mais pela equipe, seria um desserviço às metas da equipe." Além disso, esse técnico perderia o respeito de seus jogadores.

8. O LÍDER DE UMA EQUIPE IDEAL NÃO TRATA TODOS DA MESMA FORMA

Um dos maiores erros que um técnico pode cometer é acreditar que deve tratar todos os jogadores da mesma forma. Os técnicos são contratados para vencer — e não para deixar todos felizes ou dar o mesmo tempo, dinheiro ou recursos para todos. A todo jogador deve ser dado apoio e incentivo. Entretanto, pensar que todos devem receber o mesmo tratamento não é realista, e ainda é destrutivo. Quando todos os jogadores são tratados e remunerados da mesma forma, recompensa-se o desempenho deficiente ou medíocre da mesma forma que se recompensam as notáveis contribuições dadas pelos melhores jogadores.

Grandes técnicos dão oportunidades, recursos e tempo de jogo de acordo com o desempenho dos jogadores no passado.

Quanto melhor for o desempenho do jogador, maior será a oportunidade. Quando você tem um jogador como Michael Jordan, um dos maiores jogadores do Chicago Bulls no passado, é lógico que sua vontade é a de colocar a bola nas mãos dele sempre que possível.

Haverá momentos em que você não terá certeza sobre o nível de desempenho de um jogador, pois não teve tempo para observá-lo. Esta é, sobretudo, uma verdade quando se tem um jogador novato. Quando isso acontecer, dê a ele pequenas, porém frequentes, oportunidades e tente diversificá-las o máximo possível. Se fizer isso, você logo poderá determinar o calibre desse jogador em jogo. E isso irá mostrar-lhe de que forma ele responde.

> **Dê oportunidades, recursos e tempo de jogo de acordo com o desempenho dos jogadores no passado.**

9. O LÍDER DE UMA EQUIPE IDEAL CONTINUA A VENCER

Há só um desafio mais difícil do que vencer que um técnico de sucesso tem pela frente: continuar a vencer. Como disse a tenista e golfista profissional, e ex-campeã olímpica, Althea Gibson: "Nos esportes, você simplesmente não é tido como um verdadeiro campeão até que tenha defendido seu título com sucesso. Vencer uma vez pode ser uma questão de sorte; vencer duas vezes prova que você é o melhor." Quase todas as pessoas podem apontar uma única vitória que já tiveram. Mas é preciso mais do que uma vitória para se tornar um grande técnico. É preciso um desempenho positivo contínuo.

Reunir sucessivos períodos de vitória é tão difícil nos esportes que as equipes acabam por trazer consultores, como o psicólogo Bruce Ogilvie, para ajudá-las a aprender a conquistá-

-los. Na edição de julho/agosto de 1988 da revista *Success*, o jornalista Dan Gutman diz que Ogilvie sugere que os principais pontos para se garantir o sucesso são os seguintes: *Trabalhe em habilidades específicas.* Independentemente do número de vitórias que a equipe já teve, sempre há onde melhorar. Há pessoas na equipe que ainda não chegaram a atingir seu potencial. Trabalhe com cada membro da equipe para incentivar o aperfeiçoamento e crescimento. Concentre cada jogador em uma nova meta por um tempo.

Faça mudanças. A tentação de todo vencedor é continuar a fazer as coisas exatamente como antes. Entretanto, essa é uma abordagem deficiente para o sucesso. Você e sua equipe acabarão por ficar estagnados, e outra equipe acabará com vocês. Aproveite o dinamismo que você conquistou graças aos sucessos do passado para continuar a mudar e a crescer.

Recompense os não recompensados. Toda equipe tem heróis que não foram elogiados — pessoas que não foram agradecidas por contribuírem para o sucesso da equipe. Descubra quem são essas pessoas e recompense-as com elogios, dinheiro e novas oportunidades.

Transfira a responsabilidade. Como eu disse anteriormente, o sucesso sempre tem um preço. Se sua equipe teve sucesso, isso aconteceu porque alguns de seus membros dividiram a carga, fazendo sacrifícios. Eles abriram mão do tempo com a própria família, trabalharam por longas horas, colocaram como suas principais metas as da equipe. Algumas pessoas terão feito sacrifícios tão grandes que não poderão continuar a fazê-los. Dê tempo a elas e transfira a responsabilidade para outras pessoas que estejam dispostas e aptas para assumi-la.

Acima de tudo, não se atenha demais à vitória de ontem. Se seu foco permanecer no que ficou para trás e não no que virá pela frente, você declinará com rapidez. É como a história que ouvi sobre um vendedor que bateu o recorde de vendas em sua empresa durante o mês de junho. Na reunião de vendas realizada no dia 1.º de julho, o gerente disse: "Gostaria de parabenizar Kent pelo belo trabalho. Ele vendeu mais carros em um mês do que qualquer outro vendedor." Todos aplaudiram. "Mas isso foi no mês passado. Vamos nos concentrar agora no mês de julho." Comemore as vitórias, desfrute-as um pouco e então olhe para o futuro.

Outra forma de fazer com que os jogadores continuem a vencer é ajudá-los a evitar a fadiga. Para isso, o melhor é preveni-la e evitá-la. Beverly Potter, psicóloga organizacional, acredita que a fadiga possa ser evitada quando é percebida a tempo. Ela sugere que o indivíduo procure por sintomas como falta de energia, insônia, falta de criatividade, incapacidade de tomar decisões, raiva crônica, linguagem amarga ou sarcástica, ou sintomas físicos como exaustão, dores de cabeça decorrentes de tensão, dores no corpo e náusea.

John Madden, analista de esportes e ex-técnico do Oakland Raiders [time de futebol americano], foi vítima de fadiga. Certa vez, perguntaram-lhe quais eram os primeiros sinais da fadiga. Ele respondeu: "Você não tem energia porque não tem interesse. De repente, não se preocupa com o projeto. Não se interessa pelo campo. Não liga para quem é o melhor atacante universitário. Não liga se foram fechados contratos com alguns de seus jogadores mais antigos. Quando isso acontece, é hora de tirar o time de campo... você é história... você já era." Por ter sofrido fadiga, Madden não pôde continuar a ser técnico. O mesmo pode acontecer com você ou com seus jogadores. Para continuar a ter sucesso, você tem de evitar a fadiga.

A maior alegria do líder

10. O LÍDER DE UMA EQUIPE IDEAL CONHECE O NÍVEL DOS JOGADORES

Um dos erros mais comuns que um técnico pode cometer é julgar mal o nível de um de seus jogadores. Se o líder não trabalhar com cada jogador de acordo com sua posição no processo de desenvolvimento, o jogador não produzirá, não terá sucesso e não se desenvolverá. De acordo com o consultor em administração Ken Blanchard, todos os membros de equipe se enquadram em uma das quatro seguintes categorias no que diz respeito ao tipo de liderança de que precisam:

Membros que precisam de direção: os membros que precisam de direção de fato não sabem o que fazer ou como fazê-lo. Neste estágio do desenvolvimento deles, você precisa instruí-los a cada passo do caminho. Qualquer coisa que esses principiantes produzirem será essencialmente o que você faz por meio deles, pois eles não são capazes de trabalhar independentemente.

Membros que precisam ser liderados: a esta altura, o principiante começa a fazer mais seu trabalho por iniciativa própria. Fica mais independente, mas ainda conta com sua direção e feedback. Vocês dois estarão trabalhando em parceria.

Membros que precisam de apoio: neste nível, o membro é capaz de trabalhar sem sua orientação. No entanto, ele ainda precisará de seu apoio e incentivo.

Membros a quem você delega tarefas: neste estágio, é possível dar ao membro uma tarefa, e você pode ter certeza de que ela será realizada. Esse membro só precisa que você seja o líder. Dê visão, por um lado, e responsabilidade, por outro, e a pessoa redobrará seus esforços rumo ao sucesso.

Capítulo oito

Delegar: a ferramenta mais poderosa do líder de uma equipe ideal

Um líder pode ter todas as dez características mencionadas anteriormente, mas, se não aprender a arte de delegar, jamais se verá como líder de uma equipe ideal. Delegar é a ferramenta mais poderosa que os líderes têm; aumenta sua produtividade individual bem como a produtividade de seu departamento ou organização. Líderes que não podem ou não querem delegar tarefas criam condições que retardam a produtividade.

> Delegar é a ferramenta mais poderosa que os líderes têm.

Outro benefício de delegar tarefas é que isso aumenta a iniciativa das pessoas dentro da organização porque lhes dá a chance de crescer e se habituar com o sucesso.

Se delegar tarefas é tão importante para o sucesso de um líder, por que alguns líderes não conseguem delegar tarefas com eficiência? Por que eles mesmos são empecilhos para que se tornem grandes líderes? Há muitas razões:

Insegurança

Alguns líderes têm medo de que o fato de não estarem no controle de tudo signifique que não estão fazendo seu trabalho. Temem ser criticados pelos outros como se estivessem evitando suas responsabilidades. A questão é que eles têm medo de perder o emprego.

Falta de confiança nos outros

Alguns líderes acreditam que seus funcionários não são competentes o suficiente para realizar o trabalho, por isso nunca delegam nada. Não conseguem perceber que as pessoas crescem nesse sentido quando lhes é dada uma chance de mostrar seu desempenho, cometer erros e aprender com eles. Para que tenham sucesso, todos os líderes devem, por fim, dar o importante passo de deixar que os outros dividam a carga. Os líderes cometem erros quando delegam tarefas, e as pessoas a quem são delegadas as tarefas também cometem erros. Mas é aí que acontece o aprendizado.

FALTA DE HABILIDADE PARA TREINAR OS OUTROS

Os líderes que delegam tarefas com sucesso não podem simplesmente impô-las às pessoas sem prepará-las para essas tarefas. Se agirem assim, as pessoas fracassarão e ficarão ressentidas com eles. Em vez disso, eles devem treiná-las antes de delegar-lhes tarefas e depois que os erros forem cometidos. Quando aprendem a treinar os outros, os líderes ficam mais bem preparados para delegar tarefas.

PRAZER PESSOAL NA REALIZAÇÃO DA TAREFA

As pessoas têm dificuldade de abrir mão de tarefas que gostam de executar. Mas, às vezes, abrir mão de uma tarefa prazerosa é o melhor que os líderes podem fazer. A pergunta que os líderes precisam fazer para si mesmos é se a tarefa pode ser realizada por outra pessoa. Em caso positivo, a tarefa provavelmente deve ser delegada. O líder deve concentrar-se na realização de tarefas que ninguém é capaz de fazer, e não simplesmente na realização de tarefas das quais gosta.

Hábito

Semelhante ao prazer de realizar uma tarefa é o hábito. Só porque dominam uma tarefa não significa necessariamente que as pessoas devam continuar a executá-la. Quando uma tarefa fica simples e fácil, os líderes que a executam devem delegá-la e passar para uma tarefa mais complexa.

Incapacidade de encontrar alguém que realize a tarefa

Mark Twain uma vez disse: "Nunca aprenda a fazer algo. Se não aprender, você sempre encontrará alguém para fazê-lo em seu lugar." Embora ele não estivesse falando sério, há uma ponta de verdade em sua afirmação. Essa verdade é que você sempre deve estar à procura de pessoas a quem possa delegar tarefas. Raramente as pessoas irão procurá-lo para pedir algo para fazer. Um líder que não encontra pessoas a quem delegar tarefas talvez não esteja procurando o suficiente.

Relutância causada por fracassos no passado

Como mencionei, quando os primeiros esforços dos líderes no sentido de delegar tarefas falham, eles às vezes ficam relutantes em delegá-las. Como afirma Ken Allen, em *The Effective Executive*, não devemos confiar unicamente em nós mesmos só porque tivemos uma experiência de fracasso em uma tarefa delegada, nem devemos responsabilizar as pessoas a quem delegamos a tarefa. "Raramente o fracasso em uma tarefa delegada é culpa do subordinado", observa. "Talvez você tenha escolhido a pessoa errada para a tarefa, não a tenha treinado, não a tenha desenvolvido ou lhe dado a motivação suficiente." Se

A maior alegria do líder

você já teve algum problema ao delegar tarefas no passado, não desista. Tente localizar a causa do problema, aprenda com ele e dê mais uma chance à experiência de delegar tarefas.

FALTA DE TEMPO

Não ter tempo suficiente para ensinar outra pessoa a fazer um serviço provavelmente seja a razão mais comum que as pessoas dão para não delegar tarefas. E não delegar tarefas provavelmente seja a razão mais comum por que as pessoas não têm tempo suficiente. A incapacidade de delegar tarefas por falta de tempo é característica de quem pensa a curto prazo. O tempo perdido para se delegar uma tarefa é recuperado no final.

Por exemplo, digamos que um líder leve uma hora para executar uma determinada tarefa semanalmente. Ele calcula que levará 5 horas, a princípio, depois uma hora por semana ao longo de 3 semanas consecutivas, para ensinar outra pessoa a realizar essa tarefa. Isso equivale a um total de 8 horas de seu tempo — *um único dia que perderá em sua agenda cheia.* Ele poderia continuar a fazer a tarefa pelos próximos 2 meses consumindo o mesmo tempo.

Entretanto, se pensar no longo prazo, ele perceberá que, no final do ano, as 8 horas que investiu no treinamento de outra pessoa irão lhe render 44 horas para realizar outras tarefas. *Ele simplesmente ganhou uma semana!* E, além disso, há a vantagem de o funcionário a quem foi delegada a tarefa estar mais bem equipado para assumir outras tarefas no lugar desse líder no futuro. Para quebrar o círculo vicioso da falta de tempo, o líder precisa da pessoa certa a quem delegar a tarefa e a disposição de investir tempo no treinamento inicial.

Capítulo oito

E A MENTALIDADE DO "FAÇO MELHOR"

Os líderes que acreditam que, para que as coisas sejam feitas, são eles que precisam fazê-las, acabarão por realizar muito pouco. O maior problema que os novos líderes têm é sua relutância no sentido de deixar de *fazer* o serviço para *gerenciar* o serviço. Edgar Speer, presidente da U.S. Steel, disse: "Não tente controlar o modo como as pessoas fazem seu trabalho. Não há como fazer isso, e, além do mais, não faz sentido. Todos fazem o trabalho de um modo diferente, e todos querem mostrar a eficiência com que podem fazê-lo dessa forma. A função de um supervisor é analisar resultados, e não tentar controlar o modo como o trabalho é realizado." Se você quer fazer bem algumas coisinhas, faça-as você. Se você quer fazer grandes coisas e causar um grande impacto, aprenda a delegar tarefas.

Se você se identifica com alguma das descrições citadas anteriormente, é provável que não esteja delegando satisfatoriamente as tarefas. Se você começar a descumprir prazos, e as crises se tornar cada vez mais frequentes, talvez estes também sejam indicadores de que você precisa delegar tarefas. E fique atento a funcionários subordinados a você que estejam prontos para conquistar novos mundos — esta é a hora de delegar-lhes tarefas.

PASSOS PARA DELEGAR TAREFAS

É importante facilitar o processo para que sejam delegadas tarefas às pessoas. Como mencionei anteriormente, você não pode simplesmente jogar tarefas sobre as costas delas se quiser que elas tenham sucesso. Delego tarefas de acordo com os seguintes passos:

Peço a elas que só descubram fatos. Isso lhes dá a chance de ter uma noção da situação e conhecer os problemas e objetivos.

Peço a elas que dêem sugestões. Isso faz com que pensem e dá a você a chance de compreender os processos de pensamento delas.

Peço a elas que implementem uma das recomendações que deram, mas só depois de tê-la aprovado. Este momento é importante. Coloque-as em posição de ter sucesso, e não fracasso. E dê muito incentivo.

Peço a elas que ajam por si mesmas, mas que relatem os resultados imediatamente. Isso lhes dará confiança, e você ainda estará na posição de exercer o controle dos danos, se necessário.

Dou total autoridade. Este é o último passo — o objetivo pelo qual você vem trabalhando.

Compete a um técnico garantir que os membros da equipe façam aquilo que não querem fazer para que possam tornar-se aquilo que sempre quiseram ser. Isso é possível com as ferramentas certas e a atitude certa. Quanto mais você exerce suas habilidades, mais investe em seu próprio desenvolvimento; e quanto mais você se dá para seus jogadores, mais sucesso pode ter como técnico. Se você realmente der tudo o que tiver, também poderá, algum dia, ser líder de uma equipe ideal. Esta será uma das maiores alegrias de sua vida.

Aqui estão dois testes que o ajudarão a avaliar parte de suas habilidades como líder. O primeiro diz respeito à questão de delegar tarefas.

Conceitos errados quando o assunto é delegar tarefas

PERGUNTAS:

Responda a cada pergunta usando Verdadeiro (V) ou Falso (F).

1.	Sempre delegue tarefas ao subordinado que tem experiência em tarefas similares.	V F
2.	A pessoa a quem você delega tarefas deve ter o máximo possível de informações sobre a tarefa.	V F
3.	O controle deve fazer parte de uma tarefa delegada desde o início.	V F
4.	Nas tarefas delegadas, monitorar o método é tão importante quanto obter os resultados desejados.	V F
5.	As decisões importantes envolvidas em uma tarefa delegada ainda são tidas como responsabilidades de quem as delega.	V F
6.	Sempre faça a tarefa delegada parecer um desafio, mesmo que seja um trabalho insosso.	V F
7.	Delegar tarefas significa atribuir serviços.	V F
8.	Não dê conselhos quando estiver delegando tarefas.	V F
9.	Utilize os mesmos procedimentos e sistemas de responsabilidade com todos os subordinados quando estiver delegando tarefas a fim de evitar o favoritismo.	V F
10.	Se um subordinado fracassar em uma tarefa delegada, não delegue mais tarefas a ele.	V F

RESPOSTAS:

1. FALSO: se você regularmente delegar as mesmas tarefas para as mesmas pessoas, elas não terão outras oportunidades de crescimento. Isso também frustra subordinados menos experientes que precisam de uma chance para se desenvolver.

2. VERDADEIRO: quanto mais informações práticas você der à pessoa que realizará a tarefa, mais rápido e mais fácil se dará o processo de delegar tarefas. No caso de subordinados mais experientes, você pode oferecer algumas informações e, então, dar ideias sobre como eles mesmos podem obter outras informações.

3. VERDADEIRO: o controle não só ajuda a evitar acidentes, como também dá a você a confiança de delegar tarefas.

4. FALSO: esta é uma das armadilhas mais comuns a alguém inexperiente que delega tarefas. Os resultados são todos os possíveis. Exigir que outras pessoas utilizem seu método pode reprimir a iniciativa e a criatividade necessárias à delegação bem-sucedida.

5. FALSO: este é outro erro comum que cometem aqueles que não sabem delegar tarefas. Além das tarefas que lhe foram delegadas, a pessoa tem o direito e a responsabilidade de tomar decisões.

6. FALSO: descrições enganosas das tarefas delegadas insultam os subordinados. E põem fim à confiança.

7. FALSO: delegar tarefas de fato inclui transferir o direito e a responsabilidade de determinar qual trabalho deve ser feito, como ele será abordado e quem irá realizá-lo.

8. FALSO: deixe que as pessoas cuidem das tarefas como bem quiserem, mas dê a elas o máximo de conselhos (e visão) que julgar necessário antes de elas começarem. Coloque-se à disposição para responder às perguntas, mas não fique sempre à espreita nem resolva os problemas para elas. Aprender a solucionar problemas faz parte do processo de desenvolvimento.

9. FALSO: as tarefas são diferentes, e as pessoas também. A dificuldade da tarefa, bem como a experiência e a habilidade da pessoa, devem sempre ser levadas em consideração. Ao delegar tarefas, adapte o sistema de responsabilidade de modo que seja adequado a quem for delegada a tarefa.

10. FALSO: não desista de um subordinado por causa de um único insucesso. Talvez seja resultado de circunstâncias que fogem ao controle dessa pessoa. O fracasso pode até ser resultado do método que você utiliza para delegar tarefas. Examine o que saiu errado e a causa.

PONTUAÇÃO:

Você recebe um ponto para cada resposta correta.

9–10	Você é excelente para delegar tarefas.
6–8	Você sabe quais são os princípios fundamentais, mas continue a aprender.
5 ou menos	Você mostrou ter uma séria fraqueza em suas habilidades de liderança.

Se, neste momento, você é responsável por liderar ou supervisionar pessoas, é responsável pela interação delas como equipe. Este segundo teste o ajudará a conhecer seu grau de eficiência como líder:

Qual seu grau de eficiência ao liderar sua equipe?

Responda às perguntas usando a seguinte legenda; em seguida, some seus pontos.

1.	Ainda não pensei nisso.
2.	Só nos estágios iniciais.
3.	Em andamento.
4.	Quase feito.
5.	Totalmente feito.

1. Escolhi bem os membros de minha equipe. 1 2 3 4 5

2. Já provei para os membros de minha equipe que me preocupo com eles. 1 2 3 4 5

3. Eu os incentivei a se preocupar uns com os outros. 1 2 3 4 5

4. Sei a preferência dos membros de minha equipe. 1 2 3 4 5

5. Incentivo efetivamente o crescimento da equipe. 1 2 3 4 5

6. Desenvolvi uma equipe que "se ajusta". 1 2 3 4 5

7. Dou apoio aos membros de minha equipe. 1 2 3 4 5

8. Ensinei a eles o que é importante. 1 2 3 4 5

9. Mostro-lhes com frequência as estratégias. 1 2 3 4 5

10. Sou exemplo para eles de alguém que paga o preço.   1 2 3 4 5

11. Os membros de minha equipe estão dispostos a colocá-la acima de seus interesses pessoais.   1 2 3 4 5

12. Desenvolvi uma boa equipe de reservas.   1 2 3 4 5

13. Incentivo cada membro da equipe a descobrir e desempenhar seu papel.   1 2 3 4 5

14. Tenho o respeito dos membros de minha equipe.   1 2 3 4 5

15. Recompenso os membros de minha equipe de acordo com seu desempenho.   1 2 3 4 5

16. Desenvolvi uma tradição de vitórias.   1 2 3 4 5

17. Antecipo os problemas e me preparo para lidar com eles.   1 2 3 4 5

18. Conheço o nível de todos os membros de minha equipe.   1 2 3 4 5

19. Reservo tempo para ensinar e delegar tarefas.   1 2 3 4 5

20. Faço apenas as tarefas que não podem ser delegadas.   1 2 3 4 5

PONTUAÇÃO:

90 – 100   Você é um grande técnico com uma equipe ideal; está pronto para o campeonato.

80 – 89   Você é um excelente técnico; continue a fazer pequenos ajustes em sua equipe e em suas habilidades.

70 – 79   Você é um técnico firme; não pare agora; mantenha um bom trabalho e empenhe-se

A maior alegria do líder

	para chegar à excelência que estiver ao seu alcance.
60 – 69	Os membros de sua equipe estão começando a parecer uma equipe; continue a aprender e a se desenvolver.
Abaixo de 60	Você tem muito trabalho pela frente, mas não se desespere; utilize os princípios deste capítulo para começar a desenvolver a equipe e a melhorar suas habilidades como líder hoje.

CAPÍTULO NOVE

O melhor momento do líder:

Perceber e receber o valor dos líderes

◆

ALEX HALEY, AUTOR DE *Raízes*, costumava guardar em seu escritório uma foto de uma tartaruga sentada em um muro. Ele a guardava ali para lembrar-se de uma lição que havia aprendido anos antes: "Se você vir uma tartaruga em um muro, pode crer que ela teve uma ajuda." Haley observou: "Toda vez que começo a pensar: 'Puxa, isto que fiz não é maravilhoso!?', olho para aquela foto e me lembro de como esta tartaruga — eu — conseguiu subir naquele muro."

Tanto os líderes desenvolvidos quanto as pessoas que os desenvolveram são como essa tartaruga. Contaram com muita ajuda. Só puderam ter a visão lá de cima do muro porque outros os ajudaram. Por meio do processo de desenvolvimento, os novos líderes e os desenvolvedores têm um outro valor em sua vida.

> Desenvolver pessoas é algo que muda a vida de todos os envolvidos.

Capítulo nove

Dar outro valor a uma pessoa é muito mais do que uma promoção pessoal ou um aprimoramento organizacional. É verdade que as pessoas que já foram desenvolvidas são promovidas. E é igualmente verdade que as organizações se aperfeiçoam e se expandem quando têm líderes dedicados ao desenvolvimento de outros. Entretanto, dar outro valor é muito mais do que isso. É o enriquecimento da qualidade de vida das pessoas. É a expansão do propósito de vida e das capacidades dessas pessoas. Desenvolver pessoas é algo que muda a vida de todos os envolvidos. Em *Bringing Out the Best in People*, Alan McGinnis disse: "Não há ocupação mais nobre no mundo do que ajudar outro ser humano." E, como observei no capítulo quatro, Emerson disse que sempre nos beneficiamos também quando ajudamos os outros.

Dando outro valor aos novos líderes

Para ilustrar o conceito de dar e receber valor, fiz uma certa análise de minhas próprias organizações. Não as escolhi necessariamente porque elas oferecem os melhores exemplos, mas porque as conheço bem. Para examinar o valor que dei aos líderes, pedi a dez dos meus líderes que me dessem um retorno. Eles sabiam que eu estava escrevendo este livro, e eu lhes perguntei: "Falem-me sobre o valor que lhes dou e o valor que recebo de vocês."

O que segue é um resumo da resposta que eles deram. As pessoas disseram muitas coisas boas, mas esta não é a razão por que estou compartilhando suas respostas. Eu as compartilho porque quero oferecer exemplos concretos que mostram que o desenvolvimento de pessoas produz resultados tangíveis que podem ser reconhecidos e, mais tarde, passados para outros. (No capítulo dez compartilharei como algumas dessas pessoas estão levando adiante o processo de desenvolvimento com os outros que estão ao seu redor.) Depois de passar um tempo desenvolvendo os membros de sua equipe, você descobrirá que eles responderão da mesma forma que os membros de minha equipe.

EXEMPLO

A maioria dos líderes de minha organização identificou o exemplo como algo importante que dou a eles. Uma pessoa disse: "Você dá o exemplo para a organização. Você nunca pede algo que vai além daquilo que está disposto a oferecer. Esta 'marca d'água' é o que sempre me motiva a dar o que há de melhor em mim." Ser exemplo é um importante motivador porque mostra às pessoas não só o que você espera, mas também o que pode ser realizado.

Uma das coisas mais importantes que as pessoas de minha equipe disseram que exemplifico é a dedicação a continuar a crescer como pessoa. Quando veem esse exemplo em mim, elas reconhecem a importância dele. E logo o adotam como uma de suas próprias convicções. Ainda que deixem a minha empresa no futuro, elas continuarão a crescer porque agora reconhecem essa convicção como sendo parte delas.

VISÃO E DIREÇÃO

O líder de toda organização de sucesso apresenta a visão para seu pessoal. Sempre fiz questão de que as pessoas à minha volta conhecessem minha visão, pois, sem esse foco, não podemos atingir nossas metas. Um membro da equipe observou:

"Sua capacidade de permanecer concentrado na situação como um todo (...) impede-me de ter uma visão limitada." Outro disse: "Ele dá visão e direção. Ao manter contato com ele, sei que me atenho à meta com meu foco profissional." Burt Nanus, em *Liderança Visionária*, escreveu: "Não há mecanismo mais potente que conduza uma organização à excelência e ao sucesso de longo alcance do que uma visão do futuro atrativa, conveniente e alcançável amplamente compartilhada."

Ter e compartilhar uma visão vai além de impulsionar uma organização. Também dá às pessoas a visão e a direção para sua vida pessoal. À medida que contribuem para os objetivos maiores da organização, elas começam a identificar com maior clareza uma visão para si mesmas. Uma vez que essa visão fica mais clara, e esse senso de direção, mais forte, a vida dessas pessoas ganha um significado maior.

INCENTIVO E AFIRMAÇÃO

Todos que consultei disseram que se sentiam incentivados por mim. Isso me dá prazer porque quero, mais do que qualquer coisa, que as pessoas de minha equipe saibam que as amo e que quero o melhor para elas. Uma pessoa disse: "Ele me dá incentivo e afirmação pessoal. Nisso ele é o melhor que já vi na vida. Quase que ao extremo (...) Às vezes eu me deparo com pessoas que não estão fazendo algo realmente bom, [mas] a opinião delas é que John as ama." Outra disse: "Ele se preocupa comigo como pessoa, e acredito que ele queira o melhor para mim. Quer que eu vença. Sua atitude positiva e seu incentivo fazem-me saber que ele fica feliz quando tenho sucesso. Ele se preocupa com o que é mais importante para mim — minha família."

As pessoas em nossa sociedade são mal incentivadas. Querem desesperadamente receber incentivo, mas raramente conseguem. Há duas razões importantes por que as pessoas em minha organização se sentem muito incentivadas. Primeiro, levei tempo para conhecê-las e desenvolver relações com elas. Sei quem são, de onde vieram, com quem são casadas, quem são seus filhos. Conheço seus talentos e suas metas. Eu realmente as conheço. Segundo, eu as amo e expresso esse amor para elas regularmente. Não estou simplesmente falando de elogiá-las pelo trabalho que fazem. Deixo que saibam que me preocupo com elas e as amo como pessoa, em primeiro lugar. Não há nada que substitua um alicerce relacional com as pessoas. Você deve ter isso como alicerce se quiser desenvolver pessoas. Mesmo que não faça outra coisa senão conhecer as pessoas de sua equipe, amá-las e aceitá-las, você terá dado outro valor à vida delas.

ACREDITAR EM SI MESMAS

A maioria das pessoas que levei tempo para desenvolver não são acanhadas. Mesmo antes de me conhecerem, elas não eram tímidas. No entanto, mesmo as pessoas que já têm confiança podem ser incentivadas a acreditar mais fortemente em si mesmas. Um membro da equipe escreveu: "John muitas vezes aparece em minha sala para ver como estou me saindo, para me afirmar, para dizer mais uma vez o quanto ele aprecia a carga que carrego. Desde o começo, ele me incentivou a fazer algo com o que eu sonhava. Ele me incentivou (...) a assumir projetos com os quais eu jamais havia lidado antes e a continuar sempre a crescer."

Uma das ideias que examino detalhadamente em meu livro *The Winning Attitude* é que é impossível que as pessoas desempenhem consistentemente suas tarefas de um modo inconsistente com o modo como elas se veem. Esta é uma verdade, independentemente das circunstâncias positivas ou negativas que elas enfrentam. As pessoas que acreditam que podem ter sucesso agem assim mesmo quando estão sempre diante de adversidades.

Outras podem ter tudo o que há de melhor na vida e, mesmo assim, fracassar, porque se veem como um fracasso.

> **Acredite nas pessoas, e elas se esforçarão para corresponder a essa confiança.**

Quando conheço os líderes de minha organização, quando acredito neles, quando os incentivo e quando os ajudo a ter sucesso, isso os ajuda a fortalecer sua confiança em si mesmos. Tento ajudá-los a conquistar vitórias cada vez maiores. As pessoas quase sempre se esforçam para corresponder ao seu nível de expectativas. Acredite nelas, e elas se esforçarão para corresponder a essa confiança.

DISPOSIÇÃO PARA EXPERIMENTAR COISAS NOVAS

"Ele me dá confiança para assumir riscos e, consequentemente, atingir novos níveis. E, ao mesmo tempo, ele acredita sincera e positivamente em mim", disse um de meus líderes. Um dos resultados mais importantes que as pessoas têm quando acreditam em si mesmas é a disposição para experimentar coisas novas. Quando fazem só o que é cômodo para elas, as pessoas entram em uma rotina. Deixam de crescer. Mas, quando se dispõem a assumir riscos, elas desempenham tarefas que consideravam ser impossíveis. Elas vão além do que pensavam ser capazes e se tornam mais do que pensavam que seriam. O tipo de crescimento decorrente de um risco dá um incrível valor à vida das pessoas.

Desenvolvimento pessoal

Adotei a prática de reservar um tempo para desenvolver aqueles que estão ao meu redor. Um líder disse: "Você, decididamente, tem me mentoreado e sido meu líder há mais de uma década." Dou aos meus líderes tempo para receberem conselhos e recomendações. Eu os ajudo a lidar com situações difíceis. Também agendo um tempo para equipá-los regularmente. Vários líderes citaram o treinamento de liderança mensal que dou como algo de valor. Outra líder fez-me lembrar das experiências que compartilhei. Ela disse: "Ele sempre quer que as pessoas à sua volta possam experimentar com ele os privilégios e as oportunidades que recebeu."

> Procure oportunidades para compartilhar suas experiências com as pessoas.

Tento dar às pessoas de minha equipe o que está ao meu alcance. Às vezes, isso significa tempo com elas. Outras, posso dar-lhes orientação. Se puder compartilhar uma experiência valiosa, eu o faço. Como um exemplo, essa mesma pessoa da equipe mencionou de que modo, com a minha ajuda, pôde participar de um café da manhã na Coreia com o Dr. Cho, pastor da maior igreja do mundo. Outro membro de minha equipe sempre teve o sonho de conhecer Billy Graham pessoalmente. Quando tive a oportunidade de me encontrar com esse grande evangelista, compartilhei essa experiência levando esse membro comigo. Esses dois incidentes foram emocionantes para eles, mas não foram mais valiosos do que as experiências de crescimento mais comuns que tento compartilhar com eles dia após dia. Procuro oportunidades para compartilhar minhas experiências com meu pessoal, e você deveria fazer o mesmo.

Capítulo nove

Compromisso com o crescimento pessoal

A esta altura você já sabe como é importante o crescimento pessoal para o sucesso de uma pessoa. É o que acrescenta o maior valor à vida de uma pessoa. Eis o que uma líder de minha organização disse a respeito:

> John está comprometido com o crescimento, tanto pessoal quanto empresarial, seja qual for o preço. Como ele vive a todo o vapor, sempre desejando o crescimento e o desafio em sua vida, ele me dá energia, motivação e coragem para tomar as decisões difíceis e nunca me dar por satisfeita. John teve de demitir pessoas, dizer-lhes não e determinar prioridades em sua vida para continuar a crescer. Ele está disposto a pagar o preço da solidão como um líder!

Como ela ressaltou, não sou o único em minha organização a pagar o preço do crescimento pessoal. Todos os principais líderes que estão ao meu redor se dedicam a isso dia após dia. Se eu quisesse deixar a organização amanhã, eles continuariam a pagar o preço necessário para continuar a crescer. E como disse Walter Lippman: "O teste final de um líder é que ele deixe para trás, incutidos nas outras pessoas, as convicções e o desejo de seguir em frente."

Capacitação

Descobri que as pessoas são capacitadas quando você lhes oferece três coisas: oportunidade, liberdade e segurança. Dou aos meus líderes oportunidades para fazer coisas novas pela organização, a liberdade para realizar essas coisas usando criatividade e iniciativa, e a segurança de saber que estarei lhes dando apoio, mesmo quando tudo não sair conforme o planejado. Disse um membro da equipe: "Você tem me assegurado que fará qualquer coisa que estiver ao seu alcance para me ajudar, o que me dá uma sensação de segurança e confiança." Gosto de ver o sucesso das pessoas de minha organização, e capacitá-las é o que torna isso possível.

A capacitação pode ser algo complicado de dar. Você tem de equilibrar suas próprias necessidades com o desenvolvimento do líder capacitado ao mesmo tempo em que sempre tem em mente o melhor para a organização. Um dos líderes de minha organização identificou isso como o "princípio da corda":

> As pessoas são capacitadas quando você lhes oferece três coisas: oportunidade, liberdade e segurança.

> John está sempre me dando corda suficiente para eu realizar o trabalho, mas não muita corda para que eu não me enforque (...) Ele também equilibra o desenvolvimento da pessoa com o benefício da organização, usando o "princípio da corda". Ele espera um pouco mais do que o pretendido para que algo seja realizado, caso o membro da equipe for ser desenvolvido no processo, mas jamais deixa que a corda vá tão longe a ponto de prejudicar a organização como um todo.

Um dos líderes que consultei identificou a capacitação como a característica que dá o maior valor aos líderes. Ele disse:

> Motivar, acreditar, mentorear e todas as outras características massageiam o que há no íntimo da pessoa. A capacitação dá à pessoa uma nova dimensão que ainda

Capítulo nove

> não existia e que muitas vezes não pode existir ou vir a existir por si só (...) Há uma grande responsabilidade implícita no dom de capacitar. Com os motivos errados, um líder pode capacitar-se para seu próprio bem, em vez de capacitar-se visando ao bem das pessoas e da organização. John sempre colocou a organização e cada uma das pessoas acima de si mesmo.

Dar essa nova dimensão a uma pessoa em sua organização não só irá torná-lo um líder mais forte, como também irá permitir-lhe receber o valor do próximo item da lista.

FAZER PARTE DE ALGO MAIOR DO QUE AS PRÓPRIAS PESSOAS

Para levar uma vida que valha a pena e tenha significado, uma pessoa deve fazer parte de algo maior do que ela mesma. Desafio as pessoas à minha volta a levarem uma vida que não tenha impacto temporal, mas eterno. Quero que cada membro de minha equipe se torne a pessoa que foi criada para ser — atinja seu potencial. Um dos membros de minha equipe, por exemplo, começou como assistente administrativo. Agora ela é uma das pastoras. Ela disse: "Você me motiva a ter sonhos grandes e a confiar que Deus fará o impossível."

> Para levar uma vida que valha a pena e tenha significado, uma pessoa deve fazer parte de algo maior do que ela mesma.

Um dos comentários mais estimulantes veio de uma das pessoas mais próximas a mim no INJOY. Ela disse: "John permite que eu faça coisas maiores com ele do que eu poderia se estivesse sozinho." Esta é uma verdade. De igual modo, é verdade que esse homem permite que eu faça coisas maiores do que eu poderia sozinho. Esta é uma das maiores recompensas quando se dá valor à vida das pessoas. Esse valor volta em dobro para você.

Valor dado a mim pelas pessoas que desenvolvi

Se eu só pudesse dar valor ao meu pessoal e não receber nada em troca, eu ainda assim faria isso. Mas não é assim que funciona. Independentemente do quanto eu dê, sempre recebo mais em troca. É totalmente incrível.

Nesses anos como líder organizacional, descobri que todos os funcionários se enquadram em um dos seguintes tipos: os que recebem salários ou os que fazem salários. Os que recebem dão o mínimo possível e recebem seu salário. Os que fazem oferecem tudo que têm e dão uma contribuição superior ao salário que recebem. Descobri que as pessoas que estão dispostas a ser desenvolvidas sempre são as que fazem salários. Você pode ver a diferença entre esses dois tipos de pessoas pelo que elas dizem:

> Uma das maiores recompensas quando se dá valor à vida das pessoas é que esse valor volta em dobro para você.

Os que recebem salários	Os que fazem salários
O que vou receber?	O que posso dar?
O que é necessário para ir levando?	Farei o que for necessário até ficar bom.
Não é meu trabalho.	Seja qual for o serviço, posso ajudar você.

Outra pessoa é responsável.	Sou responsável.
Como eu posso me dar bem?	Como a equipe pode se dar bem?
Isso não vai acabar?	Dei o melhor de mim?
O salário é a razão por que trabalho.	O salário é resultado de meu trabalho.
Estou melhor porque trabalho aqui?	A equipe está melhor porque trabalho aqui?
Pague agora e eu faço o serviço mais tarde.	Farei o serviço agora e você pode me pagar mais tarde.

Aqui estão as formas específicas pelas quais os líderes de minha organização me dão valor. Esta lista contém os itens de valor que eles identificaram em resposta a um memorando que lhes enviei. Acrescentei o item "Balanço de talentos". Trata-se de outro valor importante para mim que eles não identificaram especificamente.

LEALDADE

Muitos dos líderes de minha organização identificaram a lealdade — para comigo e para com a organização — como uma característica da estima que sentem por mim. Uma pessoa brincou: "Posso não me jogar de um penhasco por ele, mas é claro que pensaria na possibilidade!" Outros mencionaram seu desejo de defender os interesses da organização porque acreditam nela, ou de me defender de pressões menores com as quais não preciso lidar. Sou grato por todas essas coisas.

Também reconheço a lealdade de meus líderes como uma convicção naquilo que a organização está fazendo e um sentimento de compromisso para com a equipe. As pessoas que estão à minha volta trabalham lindamente em conjunto. Sempre parecem estar prontas para mergulhar de cabeça e fazer tudo aquilo que for possível. Colocam o que é melhor para a equipe acima de seus interesses pessoais.

INCENTIVO

Incentivar os outros faz com que eles queiram incentivá-lo também. Um de meus líderes escreveu: "Faço questão de sempre incentivar John. Creio que todos precisamos de incentivo de vez em quando. Ele é um grande exemplo nesta área, e tenho grande prazer na reciprocidade."

Sou, por natureza, uma pessoa muito positiva, por isso não fico deprimido. Entretanto, minha agenda quase sempre me exige muito, e acabo ficando cansado. Quando isso acontece, minha equipe está sempre ao meu lado. Ela não apenas me incentiva, mas também se oferece para me ajudar a carregar a carga do modo como lhe é possível.

ACONSELHAMENTO PESSOAL E APOIO

Um resultado valioso que se tem quando se desenvolve líderes são as sugestões e conselhos que se podem receber deles. Eu me beneficio do conhecimento e da sabedoria dos líderes de minha organização. Um deles disse: "Posso confrontar John e compartilhar com ele aquilo que penso ou sinto, mesmo quando sei que ele pode discordar. Não sou uma pessoa que sempre concorda com seu superior." Gosto de ouvir o ponto de vista de outro líder. E respeito a honestidade. Na realidade, a opinião de uma pessoa que não concorda comigo muitas vezes me ensina mais do que a perspectiva de alguém que concorda.

Outro líder disse: "Acredito que John saiba que sempre estou preparado para dar-lhe força em qualquer área que ele pedir e desejar. Ele também sabe que pode contar com meu total apoio." Aprecio o apoio e o aconselhamento que recebo de meu pessoal. Isso é uma grande contribuição para minha vida.

TRABALHO CUMPRIDO

Tenho um maravilhoso grupo de pessoas à minha volta, o qual chamo de "molas de porta". Eu as chamo assim porque posso entregar-lhes uma tarefa ou projeto e saber que elas irão concluí-lo e seguir adiante. Elas implementam ideias, finalizam projetos, cuidam de detalhes e solucionam problemas para mim. Além disso, criam e implementam suas próprias ideias dentro do contexto da visão que apresento. Estão sempre promovendo as metas da organização. Como disse uma delas: "Deixo você livre para um trabalho mais importante. Deixe que eu carrego uma parte da carga."

O trabalho que esses líderes fazem é muito importante para mim e para a organização. Isso precisa ser feito, e é algo que eles podem fazer com eficiência. Toda vez que estou diante de uma nova tarefa, projeto ou atividade, sempre me faço a seguinte pergunta: "Há uma outra pessoa na organização que possa fazer isto com eficiência?" Se houver, delego a tarefa. Deixo que outra pessoa conclua o trabalho. Isso, por sua vez, leva ao próximo item de valor que as pessoas à minha volta dão para mim.

TEMPO

Tenho muitos líderes altamente qualificados e eficientes em minha organização. Em parte por causa do tempo que despendi no desenvolvimento deles, há poucas coisas que eles não podem fazer por mim e pela organização. Isso me dá mais tempo para fazer as coisas que somente eu posso fazer ou que os outros não podem fazer também. Como disse uma pessoa de minha organização: "Eu o deixo livre para fazer o que ele faz melhor: ensinar, liderar, pregar, motivar etc." O tempo é a maior dádiva que podemos ter. As pessoas à minha volta impedem-me de ser um escravo do que é urgente para que eu possa realizar o que é importante.

EQUILÍBRIO DE TALENTOS

Como todas as pessoas, tenho pontos fortes e pontos fracos. Pude aperfeiçoar algumas de minhas áreas onde há pontos fracos por meio do crescimento e desenvolvimento pessoal. Há outras áreas onde há muita coisa a ser aperfeiçoada, principalmente naquelas que vão contra o meu temperamento. As pessoas à minha volta me dão valor quando equilibram minhas deficiências com seus talentos.

Meu temperamento natural é de um otimismo colérico — com ênfase no colérico.[1] Gosto de fazer as coisas acontecerem. E sempre sigo em frente. Parar para refletir no que fiz no passado não é um de meus pontos fortes. Por exemplo, todo domingo sou eu quem dá os sermões na Skyline Wesleyan Church, onde sou o pastor sênior. Há vezes em que ensino princípios em um sermão que eu poderia ensinar para aqueles que estão fora da igreja ou incluí-los em uma das fitas instrutivas que envio para líderes todos os meses por meio do INJOY. Mas, uma vez terminado o culto do último domingo, arquivo o sermão e sigo para minha próxima responsabilidade. Não penso nele de novo. Este é um ponto fraco.

Felizmente, as pessoas que desenvolvi me ajudaram a lapidar essas áreas de fraqueza. No caso de meus sermões, por mais de dez anos tive uma assistente que me fazia perguntas todas as segundas para me levar a refletir no que havia ensinado. Então ela fazia anotações sobre meus comentários e as arquivava para meu uso futuro em outras lições.

ATRAIR OUTROS

Para que continue a se desenvolver e a crescer, a organização deve constantemente atrair novas pessoas de alta qualidade. No capítulo três, compartilhei com você que é importante fazer com que os líderes identifiquem e recrutem potenciais líderes. Por mais importante que isso seja, não posso lhe dar o tempo que gostaria. Mas os líderes de minha organização fazem isso. Estão sempre descobrindo novos líderes. Ao contrário de muitas pessoas que lideram organizações, tive a sorte de nunca me ver em uma posição em que tivesse cargos de liderança a serem preenchidos sem as pessoas para preenchê-los.

DESENVOLVIMENTO DE PESSOAL

Todos os líderes que consultei citaram o desenvolvimento de outras pessoas como uma de suas prioridades e uma forma de me valorizarem. Eles sabem que o desenvolvimento de líderes é algo que dá mais valor do que qualquer outra coisa que façam. Sobre o desenvolvimento de pessoal, um líder escreveu: "Esta é a minha paixão. Selecionar, equipar e desenvolver pessoas para que amem a Deus, e para que amem e liderem pessoas." Outro líder disse: "Valorizo sua organização de líderes ao disciplinar outros e passar para eles o que ele fez por mim, ou seja, oferecer um ambiente para o crescimento." E o desenvolvimento das pessoas não só se concentra nos que estão à sua volta, mas também nelas mesmas. Elas continuam a ter compromisso com seu crescimento pessoal. Como comentou um líder: "Eu me esforço para manter a integridade pessoal e o desenvolvimento de meu caráter por causa da organização e de sua influência." E o que ele faz em seu próprio desenvolvimento continua a causar impacto positivo em todos que fazem parte de sua esfera de influência, inclusive eu.

MAIOR INFLUÊNCIA

De fato o ponto principal no desenvolvimento dos líderes que estão à sua volta é que isso aumenta sua influência. Em um livro anterior que escrevi, *Developing the Leader Within You* [Você nasceu para liderar], apresento o que considero ser a maior definição de liderança: *liderança é influência*. Um dos líderes que consultei disse: "Represento você para as massas com as quais você não pode ter contato regularmente por causa do tempo." Ele reconheceu minhas limitações pessoais, que são redobradas porque lidero duas organizações: o INJOY e a Skyline Wesleyan Church. Na Skyline, o número de presenças em um domingo chega quase a 4 mil pessoas. Se quisesse ter contato com cada uma dessas pessoas, reunindo-me com elas por apenas 30 minutos, além de todas as minhas outras responsabilidades, teria de me reunir com mais de 10 pessoas por dia por quase 6 horas, 7 dias da semana, por 52 semanas sem deixar de atender uma única pessoa ou sem tirar um dia de folga. No final do ano, eu teria me reunido com todas as pessoas que participaram de um culto de domingo na Skyline. Ninguém consegue acompanhar esse ritmo.

Mas, mesmo que eu não possa me reunir com cada uma dessas pessoas, ainda posso influenciá-las — por meio de minha equipe de liderança. Cada um dos membros da equipe atinge e afeta centenas de vidas. E cada um deles desenvolve uma equipe de líderes que, por sua vez, atinge e afeta a vida de outros. À medida que continuo a crescer como pessoa e desenvolvo os outros, minha influência continua a crescer. No final de minha vida, se Deus me conceder a vida produtiva que espero ter, terei influenciado de maneira positiva mais de dez milhões de pessoas — não sozinho, mas por meio dos líderes que desenvolvi ao meu redor. Como disse um dos principais líderes do INJOY: "Dou-lhe a oportunidade de aumentar sua influência de um modo que vai muito além do que ele poderia fazer sozinho."

Quando você desenvolve líderes, em vez de seguidores, eles fazem o mesmo por você. E passam adiante a tradição exatamente como meus líderes fazem. O último capítulo deste livro descreve como quatro dos líderes que desenvolvi se tornaram excelentes desenvolvedores de líderes por seu próprio mérito.

CAPÍTULO DEZ

A eterna contribuição do líder:

Recriar gerações de líderes

◆

É HORA DE TERMOS UMA NOVA geração de líderes, disse John F. Kennedy em um discurso pela televisão durante sua campanha de 1960 para a Casa Branca. Talvez nenhum presidente tenha percebido a necessidade de gerações sucessivas de líderes mais do que Kennedy, o primeiro presidente americano nascido no século 20. Ele surgiu como o líder da nação na iminência de uma década marcada por mudanças radicais.

Como explico em *Developing the Leader Within You* [Você nasceu para liderar], a maioria das pessoas acredita que cada nova geração de líderes nasce, em vez de ser desenvolvida. Elas pensam que novos líderes são gerados como líderes e simplesmente esperam até que estejam velhos o suficiente para assumir sua legítima posição na sociedade. Consequentemente, muitos líderes se dispõem simplesmente a gerar seguidores, esperando que novos líderes apareçam em cena quando chegar a hora deles. Esses tipos de líderes não fazem ideia do quanto estão limitando seu próprio potencial e o potencial das pessoas que estão à sua volta.

Como eu disse anteriormente, um líder que gera seguidores limita seu sucesso àquilo que sua influência direta e pessoal atinge. Seu sucesso acaba quando ele não mais pode liderar. Por outro lado, um líder que gera outros líderes redobra sua influência, e ele e seu pessoal têm futuro. Sua organização continua a desenvolver-se e a crescer mesmo que ele, pessoalmente, seja incapaz de levar adiante seu papel de liderança.

Como líder, você pode ter seguido todas as diretrizes deste livro. Você criou o clima certo e identificou potenciais líderes. Você os estimulou, os equipou e os desenvolveu. Formou uma grande equipe e aprendeu a liderá-la. A esta altura, você talvez pense que seu trabalho está cumprido. Não está. Há mais um elemento importante, e é o verdadeiro teste de sucesso de um líder que desenvolve outros líderes. Os líderes que você desenvolveu devem levar adiante a tradição de desenvolvimento e gerar uma terceira geração de líderes. Se não fizerem isso, o processo de desenvolvimento para com eles. O verdadeiro sucesso só vem quando toda geração continua a desenvolver a geração seguinte, ensinando-a o valor e o método de desenvolvimento do próximo grupo de líderes.

> Um líder que gera outros líderes redobra sua influência.

> O verdadeiro sucesso só vem quando toda geração continua a desenvolver a geração seguinte.

Passei grande parte de minha vida desenvolvendo líderes que estão, por sua vez, formando outra geração de líderes. E, a propósito, a nova geração de líderes que estão desenvolvendo inclui muitas pessoas cronologicamente mais velhas do que eles. Na realidade, a maioria das pessoas que levei tempo para desenvolver eram mais velhas do que eu; fui chamado a começar o processo de desenvolvimento de líderes à minha volta quando ainda tinha vinte e poucos anos.

Traços de um líder em potencial

Muitos líderes cometem o erro de acreditar que só podem desenvolver pessoas como eles mesmos — em personalidade, temperamento, habilidades naturais e origem socioeconômica. Mas isso não é verdade. Os líderes podem desenvolver muitos tipos de pessoas. Em minha vida, há quatro pessoas que considero ser meus maiores sucessos no desenvolvimento da liderança, e o que foi necessário para o desenvolvimento delas foi muito diferente em cada caso. Contudo, elas foram desenvolvidas e deram um valor incrível à minha vida — maior do que qualquer outra pessoa fora de minha família. Cada pessoa não só aliviou minha carga e estendeu minha influência, como também teve, principalmente, sucesso em passar adiante a tradição de desenvolver líderes ao seu redor.

Cada uma das quatro pessoas apresentou um diferente desafio para mim como desenvolvedor de líderes. Elas tinham níveis de experiência muito diferentes. O temperamento de cada uma delas era diferente do meu e do das demais pessoas. Algumas tinham habilidades relacionais bem desenvolvidas, enquanto outras, não. Mas, a despeito de suas diferenças, todas elas estavam aptas para se tornar líderes e desenvolver outros líderes. Descobri que há três coisas que são necessárias para que uma pessoa se torne um líder.

Desejo

A habilidade de tornar-se um líder começa com o desejo. É a única coisa que o desenvolvedor não pode oferecer. A força do desejo determinará, em grande parte, o progresso do líder potencial. Um grande desejo pode superar incontáveis deficiências naturais de um líder.

Habilidades relacionais

Em toda a minha vida, nunca conheci um grande líder que não tivesse boas habilidades relacionais. Elas são as habilidades mais importantes na liderança. Sem elas, uma pessoa não pode liderar com eficiência. Muitas pessoas acreditam que as habilidades relacionais são definidas no nascimento e não podem ser aprendidas. Entretanto, isso não é verdade. O temperamento das pessoas as leva a se relacionar com os outros de uma maneira específica, mas não dita suas habilidades relacionais. Até a pessoa mais introspectiva e melancólica pode aprender a desenvolver boas habilidades relacionais. Para quase todas as pessoas, as habilidades relacionais podem ser aprendidas e aperfeiçoadas.

> As habilidades relacionais são as habilidades mais importantes na liderança.

Habilidades práticas de liderança

Estas habilidades são os "procedimentos" da liderança que uma pessoa adquire por meio de exemplo, equipagem e desenvolvimento. Também são aprendidas.

Quando entrei em contato com cada um dos quatro líderes que lhe apresentarei, todos eles tinham habilidades diferentes, mas tinham em comum um grande desejo.

Um seguidor torna-se um líder

Barbara Brumagin, que foi minha assistente pessoal por onze anos, procurou-me quando era uma secretária extremamente competente. Ela trabalhava muito e tinha um maravilhoso coração de serva, mas não liderava os outros. Não era algo natural de sua personalidade, nem ela estava bem equipada para ser líder. Sempre foi uma seguidora, mas, aos meus olhos, tinha um grande potencial. E, mais importante ainda, tinha um grande desejo.

Quando cheguei à Skyline Church, comecei a procurar uma assistente, e Barbara foi-me recomendada por um dos pastores da equipe. Quando nos conhecemos para discutir a posição e comecei a fazer-lhe perguntas, ela foi reservada, quase a ponto de ser rude. Logo mudei o rumo da conversa e comecei a falar, apresentando-lhe minhas metas e visão para a igreja, para mim mesmo e para ela. Depois de ouvir por alguns minutos, ela começou a conversar comigo. Imediatamente vi que ela seria perfeita para o cargo e a contratei. Descobri, mais tarde, que ela havia vindo para a entrevista contra sua vontade, pois imaginara que ser secretária de uma igreja era algo tedioso e que não oferecia oportunidades de crescimento. Ela estava mais interessada em aprender e crescer, e crescer foi o que fez. Barbara era como uma esponja, absorvia tudo.

Com o desenvolvimento de Barbara, fui devagar. Ela levou quase dois anos para se sentir realmente confiante em sua posição e começar a mostrar sinais de liderança. Fui exemplo de liderança, a expus ao ensino e trabalhei interativamente com ela. Sempre tive o cuidado de passar um tempo explicando não só as coisas que queria que ela fizesse, mas também por que queria que as fizesse. Ela me disse, recentemente, que tinha a impressão de que estava sendo desenvolvida como pessoa a cada dia. Depois de trabalharmos juntos por alguns anos, ela me conhecia tão bem que podia responder a qualquer pergunta por mim ou tomar quase todas as decisões do modo como eu as tomaria. Na realidade, ela e eu certa vez fizemos um teste de personalidade. Respondi a cada pergunta, e então ela fez o mesmo teste e respondeu às perguntas como *imaginava que eu responderia*. Quando comparamos as respostas, ela só errara duas perguntas. Ela foi rápida ao mostrar que havia errado uma delas porque minha resposta estava errada — e a dela estava certa!

Talvez você esteja se preparando para desenvolver líderes que não sejam líderes, como era o caso de Barbara. Se este for o caso, há quatro coisas que você precisa ter em mente enquanto os desenvolve:

MANTENHA UM AMBIENTE POSITIVO

As pessoas que ainda não têm habilidades de liderança devem ter um ambiente que seja positivo e que conduza ao seu crescimento. Sem esse ambiente, elas terão medo do crescimento. Com ele, terão disposição para aprender e experimentar coisas novas. Ofereça esse ambiente; em seguida, mantenha-as ao seu lado para que possam começar a descobrir como você pensa.

MOSTRE QUE VOCÊ REALMENTE ACREDITA NELAS

As pessoas que não têm inclinação natural para a liderança e que não têm experiências de liderança muitas vezes desanimam facilmente. Uma vez que nunca foram líderes, elas cometerão erros. Podem cometer muitos erros, principalmente no começo. É provável que seu desenvolvimento seja um longo

A eterna contribuição do líder

processo. Ao mostrar que realmente acredita nelas, você as incentiva a perseverar, mesmo quando as coisas ficam difíceis.

CAPACITE-AS

No começo, aqueles que seguem o líder relutam para assumir papéis de liderança, por isso devem ser capacitados por seus líderes. Comece andando ao lado deles e dando-lhes sua autoridade. À medida que eles adquirirem experiência usando sua autoridade, comece a incentivá-los a usar a autoridade deles — primeiro em coisas pequenas e, depois, em coisas grandes. É importante que você também os afirme publicamente. Isso reforçará a autoridade e competência deles. À medida que o tempo passar, outros começarão a reestruturar a própria visão com relação aos novos líderes, e a visão que têm de si mesmos como líderes também mudará. Por fim, as pessoas começarão a reconhecê-los pela autoridade que eles têm.

INVISTA NOS PONTOS FORTES DELAS

É importante que você comece o processo de desenvolvimento investindo nos pontos fortes delas. Uma vez que experimentaram poucos sucessos na liderança anteriormente, elas precisam de alguns sucessos no currículo. Isso realmente acelera o processo de desenvolvimento, e o novo líder começa a ganhar impulso.

Quando você começar a desenvolver um seguidor para que ele seja um líder, o tempo e a energia necessários diminuirão seu progresso. Você talvez seja tentado a deixar de desenvolver a pessoa, mas não faça isso. Pode ser um terrível erro. No caso de Barbara, levou um pouco de tempo no início para desenvolvê-la, mas ela não só fez mais para compensar esse tempo prestando-me onze anos maravilhosos de serviço, como agora está passando adiante aquilo que aprendeu para os outros.

Não faz muito tempo, Barbara mudou-se para Seattle e começou a trabalhar para uma igreja naquela região. Ao conversar com ela recentemente, perguntei-lhe o que ela mais valorizou dentre todas as coisas que aprendeu enquanto trabalhamos juntos. Sem hesitação, ela disse que o que mais valorizou foi aprender a desenvolver pessoas. Ela me disse que isso, primeiro, ajudou-a em seu próprio crescimento pessoal e, depois, a desenvolver outras pessoas. Atualmente, ela está desenvolvendo líderes naquela igreja valendo-se dos princípios que aprendeu durante seu próprio desenvolvimento. Está entusiasmada em passar isso adiante e me disse que desenvolver pessoas lhe dá muita alegria.

Um gerente torna-se um líder

Quando conheci Dan Reiland e sua esposa Patti em uma conferência sobre liderança que eu estava realizando em Indiana, ele ainda era um seminarista. Dan havia sido membro da Skyline, sentiu o chamado para o ministério e foi para o seminário antes de eu me tornar o pastor sênior daquela igreja. Então ele voltou como estagiário durante meu primeiro ano na igreja.

O desenvolvimento de Dan foi muito interessante. Ele era esperto, era um bom estudioso e foi um bom seminarista. Muitas vezes foi indicado como responsável pelas atividades nas quais estava envolvido e até havia sido o líder de sua classe. Entretanto, a despeito de suas boas qualidades, ele não era um líder. Na verdade, não passava de um gerente.

Os gerentes pensam de maneira diferente dos líderes. Tendem a se concentrar em tarefas e sistemas. Têm visão estreita e, às vezes, tendem a ser dogmáticos. E, sobretudo, seu foco não é relacional. Dan tinha a tendência de se concentrar em tarefas e no trabalho à mão. Trabalhava muito, mas colocava as tarefas acima das pessoas. Lembro-me de um dia em que muitos de nós estavam conversando na porta do escritório e Dan passou por nós sem dizer uma palavra. Foi naquele momento que percebi que ele e eu precisávamos ter uma conversa séria; do contrário, ele não teria sucesso em minha equipe.

Pude sentar-me com Dan e questioná-lo sobre suas habilidades relacionais, pois ele sabia que eu acreditava nele e realmente me importava com ele. Ironicamente, descobri que Dan de fato amava as pessoas e, no fundo, queria se relacionar com elas. Mas seu desejo íntimo não transparecia em suas ações. As pessoas que trabalhavam com ele não tinham ideia do quanto eram importantes para ele. Foi então que comecei a passar mais tempo com ele, desenvolvendo suas habilidades para relacionar-se com os outros, como faz um líder. Ensinei-o a caminhar lentamente entre uma multidão, interagindo com as pessoas, em vez de passar por elas com o intuito de cumprir tarefas. Agora, como mencionei no capítulo três, ele é o pastor-executivo da Skyline e seu valor é inestimável para mim. Sua capacidade de relacionar-se com os outros tornou-se uma de suas qualidades mais fortes, e ele a considera fundamental para sua habilidade de liderar.

> A grandeza de nossas ideias determina o tamanho de nossas realizações.

Se você tem líderes potenciais que pensam como gerentes, seu objetivo é ajudá-los a desenvolver melhores habilidades relacionais e a mudar seu padrão de pensamento. Embora você tenha de *diminuir o passo* para ensinar um seguidor a ser um líder, é provável que tenha de *parar por completo* para ajudar um gerente a se tornar um líder. A razão é que você às vezes precisará interromper o que estiver fazendo, guiar a pessoa por seu processo de pensamento e então explicar por que está fazendo aquilo. Você deve constantemente mostrar a ela toda a situação até que ela comece a vê-la por si mesma.

Descobri que todos os líderes de verdade compartilham algumas características comuns em seu modo de pensar:

OS LÍDERES PENSAM GRANDE

Eles sempre observam a situação como um todo e sabem que seu sucesso é tão grande quanto suas metas. Como disse David Schwartz: "Quando o assunto é sucesso, as pessoas não são medidas tendo como parâmetro metros ou quilos, ou diplomas universitários, ou histórico familiar; são medidas pelo tamanho de suas ideias. A grandeza de nossas ideias determina o tamanho de nossas realizações." Se você consistentemente mostra para as pessoas que está desenvolvendo um plano maior e insiste em ressaltar as possibilidades, em vez dos problemas, elas começarão a pensar grande.

OS LÍDERES PENSAM TENDO EM VISTA AS OUTRAS PESSOAS

Os líderes não se concentram em si mesmos e em seu sucesso pessoal. Pensam no sucesso da organização e das outras pessoas. Têm uma mentalidade voltada para as outras pessoas. Para desenvolver os outros, você precisa ensiná-los a pensar em termos de como eles podem promover, desenvolver e levar consigo os outros.

A eterna contribuição do líder

Os líderes estão sempre pensando

As pessoas que não são líderes se contentam em se sentar e deixar que os outros pensem por elas. Os líderes estão sempre cogitando novas ideias, considerando novos recursos, pensando em melhorar, considerando a situação financeira, administrando seu tempo. Pensar constantemente permite que os líderes continuem a se desenvolver como pessoa e a desenvolver suas organizações. Quando estiver desenvolvendo um líder, seja exemplo desse tipo de pensamento e o promova fazendo perguntas.

Os líderes pensam no que é importante

Enquanto os outros se prendem a detalhes, os líderes procuram o ponto principal. Se você sempre pedir às pessoas que estiver desenvolvendo que digam o que é importante, elas logo começarão a defini-lo antes que você lhes peça. Por fim, elas começarão a pensar assim espontaneamente.

Os líderes não têm limites para pensar

As pessoas que não são líderes automaticamente gravitam em torno de linhas — limites estipulados pelos outros. Talvez isso lhes seja ensinado no jardim de infância, quando são instruídas a não ultrapassar as linhas quando colorem um desenho. No entanto, os líderes são mais criativos do que isso. Procuram opções e oportunidades. Tentam conduzir as coisas para uma nova direção ou além do limite. Progresso e inovação são alcançados por pessoas que não têm limites para pensar.

> Progresso e inovação são alcançados por pessoas que não têm limites para pensar.

Capítulo dez

OS LÍDERES PENSAM EM TERMOS DE COISAS INTANGÍVEIS

Os líderes pensam no abstrato. Pensam em termos de coisas intangíveis como tempo, moral, atitude, dinamismo e atmosfera. Leem as entrelinhas. Preveem o inesperado.

OS LÍDERES PENSAM RÁPIDO

Os líderes avaliam rápido uma situação e então a aproveitam de imediato. Duas razões por que são capazes de fazer isso são que eles pensam na situação como um todo e cumprem a sua parte para que tenham informações à mão que os ajudem a tomar decisões com rapidez.

Ao se desenvolver como líder, Dan tirou uma enorme carga que estava sobre minhas costas. Ele dirige a Skyline em meu lugar, é líder direto de 13 pastores e supervisiona uma equipe de mais de 40 pessoas. Entretanto, Dan faz mais do que isso. Onde ele mais sobressai é no desenvolvimento de outros homens. Desde 1987, Dan seleciona alguns homens a cada ano para que possa desenvolvê-los pessoalmente. Já trabalhou e desenvolveu mais de 50 deles.

O desenvolvimento de líderes feito por Dan é sistemático e estratégico. Ele sempre procura por líderes potenciais para desenvolver, e se vê como um para-raios, capaz de apreender e concentrar a energia necessária para promover o crescimento desses homens. De sua parte, ele diz que é eficiente porque sempre tem em mente a *visão* de desenvolver líderes, mantém o desenvolvimento das pessoas como um *estilo de vida* e renova seu *compromisso* regularmente. A chave de todo o processo, no entanto, são os relacionamentos. Ele diz que os homens que desenvolve se tornam líderes por causa de suas relações entre si,

A eterna contribuição do líder

da equipagem que recebem e da sinergia de sua interação com ele e uns com os outros. O que sustém todo o processo, no entanto, é a parte relacional dele — a área em que ele mesmo mais cresceu.

Um líder muda o estilo de liderança

Quando contratei Sheryl Fleisher para minha equipe, sabia que ela era uma forte líder. Sheryl tinha visão, era capaz de tomar decisões, pensava grande e tinha uma mentalidade voltada para as questões essenciais. Contudo, ela também tinha a tendência de ser autoritária e um pouco dogmática. Era uma líder, mas não liderava de modo relacional. Ela se descreve como alguém que pensava "na missão", e não "nas pessoas".

O momento decisivo do desenvolvimento de Sheryl foi quando ela lidou com uma situação difícil com uma pessoa de um modo menos eficiente do que deveria ser. Ela descreve seu modo de fazer as coisas como algo "politicamente ingênuo e relacionalmente ridículo". Logo depois do incidente, sentei-me com ela e disse que a apoiava e acreditava nela, mas que ela teria de crescer e mudar seu estilo de liderança se quisesse ter sucesso na equipe. Agora, mais de dez anos depois, ela não só está na equipe como também está entre os seus melhores líderes.

Com Sheryl, meu objetivo não era mudar sua personalidade. Era mudar seu modo de atuação, seu estilo de liderança. Ela recorreu à estrutura e à posição para estabelecer sua liderança. Eu queria que ela se tornasse uma líder relacional/capacitadora. Houve momentos em que tive de interromper o que estava fazendo e retroceder um pouco para treiná-la novamente, mas o esforço definitivamente valeu a pena. Toda vez que quiser mudar o estilo de um líder, você deve fazer o seguinte:

Capítulo dez

Seja exemplo de um estilo de liderança melhor

A primeira coisa que você deve fazer é mostrar às pessoas seu melhor estilo de liderança. Se não perceberem que há uma forma melhor de liderar, elas jamais mudarão.

Identifique onde está o erro

Observe as pessoas para ver onde elas cometem erros. Você não poderá ajudá-las a mudar se não souber o que deve ser mudado.

Tenha permissão para ajudá-las a mudar

Se as pessoas não estão comprometidas com o processo de mudança e não deixam que você as ajude, todo o seu esforço será em vão. Elas lhe darão permissão quando se sentirem prejudicadas o suficiente a ponto de precisarem de ajuda, quando aprenderem o suficiente a ponto de quererem a mudança ou quando receberem o suficiente a ponto de estarem aptas para a mudança.

Mostre a elas como sair daqui e chegar lá

Mesmo quando elas têm o conhecimento de que precisam para mudar e o desejo de fazer uma mudança, é provável que não sejam capazes de fazê-la. Mostre a elas o caminho, passo a passo.

Dê retorno imediato

Uma vez que está ajudando essas pessoas a pôr fim a maus hábitos, você deve responder às ações delas de imediato. Aprender algo pela primeira vez sempre é mais fácil do que desaprender algo que foi ensinado errado. Aprendi esta lição quando tive de desaprender meus movimentos no golfe. Quando você for treinar novamente as pessoas a liderar de modo relacional, dê-lhes retorno imediato tanto das coisas boas quanto das ruins.

Quando Sheryl cresceu e começou a liderar com o coração, ela se tornou uma maravilhosa desenvolvedora de líderes. Ela identifica o desenvolvimento de pessoas como sua paixão na vida. Como pastora dos ministérios de crescimento pessoal na Skyline, ela, como Dan, está sempre à procura de pessoas para desenvolver. Ela procura pelas seguintes qualidades nas mulheres que deseja desenvolver:

Fidelidade	Devem ser consistentes em suas relações, ser confiáveis e ter compromisso.
Disponibilidade	Sheryl deve ter acesso a elas e elas devem estar dispostas a crescer.
Iniciativa	Elas devem ter interesse e desejo de crescer.
Educabilidade	Elas devem ser receptivas ao estilo de mentorização e ensino de Sheryl.
Honestidade	Elas devem ser transparentes e estar realmente dispostas a desenvolver outros.

Recentemente, Sheryl e eu nos sentamos e conversamos sobre o modo como ela desenvolve as pessoas. Acho que ela já perdeu a conta de quantas mulheres com quem trabalhou, mas tem muita consciência do efeito positivo que sua mentorização tem na Skyline. Ela me disse que sua alegria é reconhecer onde as pessoas estão, encontrá-las ali, amá-las e aceitá-las, e então ser mentora delas. Seu objetivo é fazer com que elas se desenvolvam até se tornarem a pessoa que Deus as criou para ser. E quer fazer com que elas passem adiante a tradição do desenvolvimento de líderes. E também tem tido sucesso nisso. Mencionou que uma das mulheres desenvolvidas por ela mostrou, em uma sala, *seis gerações de líderes* que haviam sido mentoreadas a partir de Sheryl. Esta é uma grande realização.

Um bom líder torna-se um grande líder

Dick Peterson já era um excelente líder antes de me conhecer. Quando fui para a Skyline, ele era gerente daquela que era a empresa mais importante dos Estados Unidos — a IBM. Na realidade, Dick era um dos três principais gerentes do país na área administrativa da IBM. Se tivesse continuado na IBM, seu próximo passo teria sido a gerência regional e, depois, a vice-presidência. E tenho certeza de que ele teria chegado lá. Como líder, ele provavelmente estava entre os 5% mais capazes do país.

Assim que eu estava para completar um ano na Skyline, convidei-o para tornar-se membro do conselho da igreja. Eu o queria na equipe. Sabia que ele seria um grande colaborador para a igreja e para mim, e acreditava que ele também seria beneficiado com a experiência. Veja: penso mais e dou mais

A eterna contribuição do líder

tempo e atenção ao desenvolvimento das pessoas de minha diretoria do que de qualquer outra pessoa, com exceção de minha família. Os membros do conselho são os principais líderes e influenciadores com os quais tenho contato.

Passei três anos desenvolvendo Dick enquanto ele fazia parte do conselho. Desenvolvi uma boa relação pessoal com ele, investi tempo para equipá-lo e sempre o desafiei a crescer. Certa vez, quando eu estava me preparando para viajar para Dallas para conversar com algumas pessoas sobre formas de começar a equipar líderes em maior escala, levei Dick comigo. Ele fez parte da discussão que deu origem ao INJOY. Como líder, ele mergulhou de cabeça no projeto e ajudou a tirá-lo do papel. Começou como voluntário. Mais tarde, pediu demissão da IBM para dirigir o INJOY em tempo integral. Agora ele é presidente da organização, e eu não gostaria de ficar sem ele.

Uma das belezas de desenvolver uma pessoa que já é um forte líder é que isso dá a você dinamismo. Onde um líder tem de *diminuir o ritmo* para desenvolver seguidores, *parar* para desenvolver gerentes e *voltar atrás* para mudar o estilo de líderes mal orientados, ele pode, na verdade, *acelerar* à medida que fortalece bons líderes. Eles praticamente se ensinam. Eles "pegam" as coisas só de estarem à sua volta, muitas vezes com pouco — ou sem nenhum — esforço de sua parte.

Se você tem a sorte de ter líderes fortes sob sua influência, comece a desenvolvê-los fazendo o seguinte:

ENVOLVA-OS EM UM PLANO PESSOAL DE CRESCIMENTO

A maioria dos bons líderes está crescendo, mas eles frequentemente não têm um plano pessoal de crescimento. Depois de tê-los conhecido — seus pontos fortes, seus pontos

Capítulo dez

fracos, desejos, objetivos etc. —, sente-se com eles e prepare um plano de crescimento pessoal adaptado a eles. Em seguida, acompanhe-os periodicamente para incentivá-los, verificar seu progresso e ajudá-los a fazer ajustes.

CRIE OPORTUNIDADES PARA DESENVOLVÊ-LOS

É enquanto fazemos atividades que, ao nosso ver, estão além de nossas capacidades, que acontece nosso maior crescimento. Na verdade, isso acelera nosso desenvolvimento. Além disso, dá-nos oportunidades de aplicar os princípios que estamos aprendendo. Enquanto você desenvolve líderes, faça planos de colocá-los em situações que os desenvolverão.

APRENDA COM ELES

Toda vez que passo tempo desenvolvendo alguém que já é um bom líder, também aprendo. Você também aprenderá muito com os líderes enquanto mantiver uma atitude receptiva ao ensino. Planeje projetos compartilhados com eles. É uma excelente forma de aprender e fazer com que coisas extraordinárias sejam realizadas ao mesmo tempo.

O desenvolvimento de Dick transformou sua vida. Ele já era um forte líder, mas agora é um forte formador de líderes. Para ele, desenvolver pessoas, agora, é como respirar. Sem isso, ele não seria quem é. Esta é a chave para que você desenvolva os líderes que estão à sua volta. Como líder, você deve fazer do desenvolvimento dos outros um estilo de vida. Quando você vive para isso, seu sucesso na vida é multiplicado exponencialmente. Sua influência vai muito além de seu alcance pessoal. Você tem a garantia de um futuro positivo. Os líderes que não desenvolvem pessoas se verão, um dia, diante de uma muralha que os impedirá de chegar ao sucesso. Independentemente do quanto são eficientes e estratégicos, por fim lhes faltará tempo.

Descobri que esta é uma verdade em minha vida. Não posso pessoalmente produzir outros materiais além do que o que estou produzindo no momento. Não posso mentorear mais pessoas do que as que estou mentoreando no momento. Não posso viajar e realizar mais conferências do que as que faço agora. Sou uma pessoa cheia de energia, mas cheguei aos meus próprios limites físicos. A única forma pela qual posso fazer mais agora é fazendo-o por meio de outras pessoas. Qualquer líder que aprenda essa lição e faça dela um estilo de vida jamais se deparará com uma muralha.

Assim, pergunto para você: você está desenvolvendo os líderes que estão ao seu redor?

Notas

Capítulo Um
1. WORSHAM, Tom. Are You a Goose?, *The Arizona Surveyor*, 1992.

Capítulo Dois
1. MARKHAM, Edwin. Man-Making. In: *Poems*.

Capítulo Três
1. MAXWELL, John C. *Você nasceu para liderar*. Rio de Janeiro: Thomas Nelson Brasil, 2008.

2. MAXWELL, John C. *The Winning Attitude: Your Key to Personal Success*. Nashville, Tennessee: Thomas Nelson, 1993.

Capítulo Quatro
1. SEMANDS, David A. *Healing Grace*. Wheaton, Illinois: Victor Books, 1988.
2. *Success Unlimited* (revista não mais impressa).

Capítulo Cinco
1. BIEHL, Bobb. *Increasing Your Leadership Confidence*. Sisters, Oregon: Questar, 1989.

Capítulo Nove
1. LITTAUER, Florence. *Personality Plus*. Grand Rapids, Michigan: Revel, 1994.

Este livro foi composto em Agaramond 11,5/15 e
impresso pela Vozes sobre papel Avena 80g/m^2
para a Thomas Nelson Brasil em 2023.